소천(少泉) 조순(趙淳) 선생님과 나

소천(少泉) 조순(趙淳) 선생님과 나

2022년 12월 20일 초판 1쇄 발행

저 자 ㅣ 김 승 진
펴낸이 ㅣ 박 기 봉
펴낸곳 ㅣ 비봉출판사
출판등록 ㅣ 2007-43 (1980년 5월 23일)

주 소 ㅣ 서울 금천구 가산디지털2로 98. 2동 808호(가산동, IT캐슬)
전 화 ㅣ (02) 2082-7444
팩 스 ㅣ (02) 2082-7449
E-mail ㅣ bbongbooks@hanmail.net

ISBN ㅣ 978-89-376-0493-5 03040

값 15,000원

소천(少泉) 조순(趙淳) 선생님과 나

김승진 지음

비봉출판사

| 봉천동의 자택

| 강원도 강릉시 구정면 학산리 입구에 있는 선생님의 친필

| 강원도 강릉시 구정면 학산리에 있는 선생님의 고향집

| 2010.5.17. 조순 팔순 논문 증정식에서

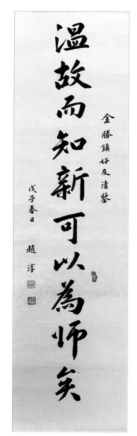

溫故而知新可以爲師矣

金勝鎮好友淸鑒

戊子春日

趙淳

平生事業學爲先誠信

對人如活泉眞實一如君

子質恒心度世自天然

贈金勝鎭君 辛卯友若泉

ㅣ 2008년 봄   ㅣ 2011년

| 1999년 신춘

청렴은 공식자 본연의 의구
이며 모든 옳은 일의 근원이
고 모든 덕행의 뿌리이다.

목인심서 중에서 2007년 4월 조 순

막히고 가려져 통하지 못하면 民의 사
정이 답답해진다 방문하여 호소하
고 싶은 民이 부모의 집에 들어오는것
같이 해야 한다.   목인심서 중에서

2007년 4월 前서울특별시장 조순

봉천동 자택의
정원에 있는
선생님 흉상

머리말

이 책을 존경하는 소천 조순 교수님의 영전에 바친다

오호애재(嗚呼哀哉)라! 선생님의 건강 악화를 늘 걱정하던 필자는 2022년 6월 23일 존경하는 조순 선생님의 서거 소식을 들었다. 코로나 펜데믹으로 항공노선이 줄어 비행기 표를 빨리 구할 수 없었기에, 6월 24일에야 뉴욕을 떠나 인천국제공항으로 오는 KAL기를 탈 수 있었다. 간신히 선생님의 발인 날인 6월 25일 오후에 서울에 도착하였다. 어떻게 할 수도 없어 침통한 마음으로 이틀을 보내고, 6월 27일 오전 7시경에 강릉시로 출발하여, 강릉시 구정면 학산리에 있는 선생님의 삼남인 조건 사장의 집에 오전 10시경 도착하였다. 그곳에서 삼우제를 지내고, 비가 내리기는 하였지만 바로 옆에 있는 선생님의 묘소를 참배하고, 비통한 마음으로 7월 7일에 뉴욕으로 돌아왔다.

선생님 장례식에 다녀온 후 나는 거의 매일 서거하신 선생님 생각에 잠겨 애통하게 지냈다. 며칠이 안 지나서 어느 날 밤 꿈에 깔끔하게 한복을 입으신 선생님을 만나 뵙게 되었다. 선생님께서는 환하게 웃으시면서, "김군! 왜 그리 슬퍼하나?"라고 물으셨다. 나는 "선생님께서 돌아가셔서 우울합니다."라고 대답하였다. 선생님께서는 다시 웃으시면서, "김군은 내 생전에 나와 가장 많은 시간을 같이 보냈기에 나에 대해서 너무나 잘 알고 있네. 그러니 슬퍼만 하지 말고 나의 인생행로에 대한 자세한 기록을 남겨 주면 대단히 고맙겠네." 라고 말씀하셨다. 나는 선생님께 "저는 평생 학술논문만 작성해 왔기 때문에 그런 중차대한 일은 잘하지 못 합니다." 라고 대답하였다. 그러자 선생님께서는 "김군! 자네는 평생 나를 가장 가까운 데서 보좌한 나의 사랑하는 제자이니, 자네가 가장 적임자이네." 라고 말씀하셨다. 그래서 필자는 "그러면 선생님! 제가 최선을 다하여 보겠습니다." 라고 대답하였다. 그리고는 서서히 사라지시는 선생님을 목 놓아 부르면서, 나는 꿈에서 깨어났다.

　나는 평생 동안 선생님의 명령을 한 번도 거역한 적이 없고, 선생님의 가장 큰 사랑을 받았으며, 항상 선생님 곁에 시중을 들었으므로 나는 더 이상 슬픔에만 잠겨 있을 수 없었다. 그리하여 선생님께서 필자에게 지금까지 하신 모든 언행을 한 자라도 놓치지 않고 다 기록하여, 이 책에 남기기로 하였다. 다만 금년 필자의 나이도 74세라서 기억이 희미한 부분도 있지만 최선을 다해 기록하였다.

　선생님께서는 이제 우리 곁을 떠났지만, 선생님의 사상과 세계관은 수많은 저서와 논문을 통해 이미 우리들에게 남겨 두셨다. 이제 선생님의 고귀한 가르침이 길이길이 우리에게 전수되고, 오고 오는 세대에게 큰 교훈과 인생 지침서가 되기를 간절히 간구하면서, 이 책을 존경하고 존경하는 선생님 영전에 바친다.

2022년 12월 15일
아둔하지만 선생님의 사랑을 가장 많이 받은
제자 김승진이 드립니다

차 례

제 1 장

서 언

제1장 서언

　　2022년 6월 23일(음력 5월 25일)에 미국 뉴욕시 근교에 살고 있던 필자[1]는, 뉴욕시 Bloomberg 통신사에서 Senior Executive Editor로 근무하고 있는 소천(少泉)[2] 조순(趙淳) 선생님(이하 선생님으로 약함)의 장손녀(長孫女)인 조경복(趙慶福, Katherine Kyung Bok Cho)[3]씨로부터 선생님께서 운명하셨다는 지극히 슬프고도 슬픈 소식을 전해 듣는다.

　　6월 25일에 있을 발인에 참석하고자 급히 대한항공 뉴욕지사에 연락하였으나, 한국행 비행기 표가 없다는 통고를 받았다. 하루 동안 번민과 기다림 끝에 6월 24일에 출발하는 Economy Class 비행기 표가 하나 나왔다고 하여 보통 때보다 비싼 금액을 지불하고 귀국 비

---

1) 한국외국어대학교 김승진(金勝鎭) 명예교수.

2) 소천(少泉)은 조순 선생님의 호(號)이다.

3) 조경복 씨는 선생님의 장남 되는 조기송(趙淇松) 전 강원랜드 사장의 장녀이다. 조경복 씨는 서울대학교에서 고고인류학을 공부하였으며, 졸업 후 동아일보사에 근무하였다. 미국 North Carolina대(Chapel Hill)에서 저널리즘(Journalism, 言論學)을 공부한 후, 지금 현재는 Bloomberg통신 New York 본사에서 Breaking News 팀에 근무하고 있다. 그의 부군의 이름은 施嘉誠으로 홍콩 출신 싱가포르 인이다.

행기에 몸을 실었다.

그러나 인천국제공항에 도착한 6월 25일 오후에는 선생님의 시신은 이미 화장 후 강릉의 선산에 매장되었다는 소식을 듣는다. 이틀 후인 6월 27일 선생님의 삼우제에 참석하고 묘소를 참배한 후에 서울로 돌아오면서, 선생님과 처음 만난 1967년 9월부터 지금까지 존경하는 선생님과 나와 함께 했던 순간순간이 주마등같이 나의 뇌리를 스치고 지나갔다.

제 2 장

선생님과 필자의 만남
이전의 인생행로
(1928~1967)

제2장 선생님과 필자의 만남 이전의 인생행로
(1928~1967)

2.1 선생님의 인생행로(1928~1967)

2.1.1 탄생과 어린 시절(1928~1940)

선생님은 1928년 1월 10일(음력)에 강원도 강릉시 구정면(邱井面) 학산리(鶴山里)에서 부친 풍양(豊讓) 조씨 가문의 조정재(趙正載) 선생님과 모친 강릉 김씨 가문의 김한경(金翰卿) 여사님 사이의 일남이녀(一男二女) 중에 외아들로 탄생하셨다. 독자들도 잘 알다시피, 풍양 조 씨는 경기도 남양주시를 관향(貫鄕)으로 하는 한국의 성씨로서, 시조는 고려의 개국공신인 조맹(趙孟)이다. 지금도 남양주시 진접읍 내각리 673-1에 가면 풍양초등학교가 있다.

선생님의 가문은 조선 중기 이후 서인(西人)에서 분파했으며, 노론(老論)과 대립했던 소론(少論)에 소속되어 있었다. 구한말 안동김씨

60년 세도정치를 끝내고 고종(高宗)의 등극에 결정적인 역할을 한 조대비(趙大妃)4)가 풍양 조씨 가문의 일원이다.

4대 사화와 사색당파의 피비린내 나는 투쟁으로부터 선생님 가문의 선조들도 자유로울 수가 없었다. 멸문지화(滅門之禍)의 위기 속에 한 형제는 강원도 양구로, 한 형제는 경상도 상주로, 선생님의 선조인 조림(趙琳, 선생님의 11대조 할아버지, 1613-1637) 선생께서는 강원도 강릉으로 피신하셨다고 한다. 그 후 선생님의 5대조 할아버지이신 조항존(趙恒存, 1769-1807) 선생께서는 정조(正祖) 임자년(壬子年)에 문과에 급제하시고, 사간원(司諫院) 정언(正言)이후, 양양도호부사(襄陽都護府使)를 하셨다. 그러기에 흔히 선생님 집은 양양집(약하여 얭집)이라고 불리었다고 한다. 선생님께서는 양양집의 일원인 것을 늘 자랑스럽게 생각하셨다고 한다.

선생님의 선친은 강원도 명주(강릉의 옛 지명) 지역에서 율곡 선생의 학맥을 잇는 대표적 선비로 통하는 한학자이셨다. 선생님께서는 선친의 신장이 필자와 같이 작았으나, 신체 건강하셔서 쌀 한 가마니 정도는 쉽게 들어 올릴 수 있을 정도였다고 하셨다. 아주 명랑한 성격의 소유자이셨으며, 늘 유머러스하셨다고 말씀하셨다. 유감스럽게도 선친께서는 1949년에 소천하셔서, 모든 생계는 독자(獨子)이신 선생님이 책임지셔야만 했다. 선생님께서 성장기에 있어 집안의 경제 사정은 머슴을 몇 명 두고 농사를 하는 중농 규모의 농가이었다고 한다.

---

4) 조대비는 헌종의 어머니이며, 고종의 양모이다.

선생님의 어머님께서는 강릉시 오죽헌 큰다리 마을의 강릉 김씨 김 진사의 장녀로 태어나셨다고 한다. 강릉 김씨의 시조는 신라 때 왕으로 추대되었으나, 홍수 때문에 입궐을 못해 왕이 되지 못한 김주원(金周元)이다. 선생님의 모친께서는 영특하시고 사리에 밝으셔서 학산리의 정신적 지주이었다고 한다. 그러므로 학산리에 송사(訟事)와 같은 어려운 문제가 발생하면 모두 어머님 앞으로 가져와서 그 문제들을 해결하였다고 한다. 구정면장이나 구정초등학교 교장이 새로 부임하면 반드시 모친에게 찾아와서 인사를 드렸다고 한다. 모친께서는 이때마다 하얀 한복을 입고 이들에게 생율(生栗) 등을 깎아서 접대하셨다고 한다.

선생님께서 태어나신 학산리에는 신라말에 창건된 천년 고찰인 굴산사(堀山寺)가 있는 산자수명(山紫水明)한 곳이다. 특히 선생님이 실제로 태어나신 생가는 지금의 생가 앞 개천인 어단천과 학산교 다리를 가로질러 대각선 상의 언덕 위에 있었다. 그 언덕 위에 있는 옛날 생가에서 북북서쪽을 바라보면 대관령이 멀리 높이 보이기 때문에, 그 옛날 생가는 마치 군대에서 작전을 명령하는 지휘소(commanding post)와 같았다고 선생님께서 말씀하셨다. 선생님 생가에서 남남서방향에 있는 칠성산에서 발원하여 동해로 흘러가는 생가 앞 어단천 개천물은 너무 맑아서, 선생님이 어렸을 때 전혀 거리낌 없이 그냥 마셨다고 말씀하셨다. 그러나 겨울이면 어단천에서 언덕 위 생가까지 물을 길어 올리려고 모친께서 무척 수고가 많았다고 하셨다.

그런데 그 옛날 생가터는 지세가 심하여 자손이 귀하다고 판단

하신 선친께서는, 선생님이 평양고등보통학교(이하 평양고보로 약함)
를 다니실 때 지금의 생가와 맞교환 하면서, 그 옛날 생가의 한옥 건
물을 지금의 생가터로 그대로 옮겨 놓았다고 한다. 그 옛날 생가터에
는 지금 2층 양옥이 들어섰는데, 선생님께서는 그 옛날 생가터에 한
옥을 짓지 않고 양옥건물을 지은 데 대해 늘 아쉬움을 갖고 계셨다.
그리고 그 옛날 생가터로 새로 이사 온 외지인 집안의 자손들도 그리
잘 되지 않았다고 말씀하셨다. 지금의 생가 집 북북동 쪽 옆으로 새
로운 구정초등학교가 생겼는데, 선생님의 3남 조건 사장의 손자들이
지금 현재 이 초등학교에 다니고 있다.

  선생님은 어릴 때부터 선친으로부터 한학을 수학하셨으며, 신동
(神童)이신 선생님은 소시 때부터 한시를 창작하셨다고 한다. 생가에
서 강릉 시내에 있는 강릉중앙초등학교까지 십 여리가 되는 길을 매
일 걸어서 등하교하셨다고 한다. 선생님께서 다니셨던 그 옛길은 새
로운 신작로가 나는 바람에 완전히 수풀이 우거진 폐로가 되었다고
하셨다.

2.1.2 평양고등보통학교와 경기고등학교에서
수학하심(1940-1946)

  선생님께서는 강릉중앙초등학교5)를 졸업하신 후 평안남도 평양

___
5) 선생님께서는 그 일생동안 졸업식에 참석하신 것은 강릉중앙초등학교와 미국

시에 소재한 평양고보를 다니게 되셨다. 선생님께서 평양으로 유학 (遊學)하시게 된 것은 선생님의 숙부 되시는 조평재(趙平載) 판사께서 1940년 5월부터 평양지방법원에 근무하셨기 때문이라고 필자에게 말씀하신 바 있다. 조평재 판사께서는 일제 때 일찍이 경성제국대학 을 졸업하고 사법시험에 합격하신 재원이셨다. 이 숙부가 1943년 3 월 판사를 사직하고 서울에 변호사 사무소를 개업함에 따라 선생님 도 역시 평양고보 2학년 수료 후 경기고등학교(이하 경기고로 약함)에 편입했다. 조평재 변호사는 해방 후 서울에서 초대 변호사협회 회장 으로서 명성이 자자했다고 선생님께서 필자에게 말씀하셨다. 필자의 서울상대 동기동창인 박종안(朴鍾安) 군이 이후에 조평재 변호사의 사위가 되었다. 이때 선생님의 평양고보의 동기동창생 중의 한 명이 2022년 10월 4일에 작고한 그 유명한 김동길(金東吉) 연세대학교 명 예교수이다.

선생님께서는 강릉에서 평양으로 가시려면 강릉에서 동해북부 선 기차를 타고 원산까지 가신 후, 그곳에서 평원선 기차를 타고 평 양까지 가셨다고 말씀하셨다. 평양고보에서의 선생님의 학창 생활은 그리 행복하지 못했다. 전교생이 일본식 군복에 각반을 차고 공부보 다는 땅굴을 파는 등 전쟁 준비에 동원되었다고 필자에게 말씀하셨 다. 그 당시 선생님의 유일한 낙은 수업 시간이 끝나면 눈이 수북이 덮인 복도를 달려가 게시판에 붙은 신문을 보는 것이었다. 그런데 어 느 날 **"아 Stalingrad! 게르만(German)의 꿈이여!"** 이란 기사를 보

California(Berkeley)대 대학원 졸업식 때뿐이라고 필자에게 여러 번 말씀하셨다.

고, Stalingrad가 결국 소련군 수중에 떨어졌으므로, 독일 Nazi의 패망을 미리 예견할 수 있었다고 말씀하셨다.

태평양전쟁이 막바지로 치닫고 패전 위기에 몰린 일제가 '학도 특별지원병 제도'를 발표하고 징병/징용령을 공포하자, 경기고에 재학 중이던 선생님은 부친의 뜻에 따라 낙향하여 해방 때까지 한학을 공부했다. 1945년 8월 해방이 된 후에 다시 서울로 올라와 경기고에 복학했다. 당시의 경제학은 마르크스주의 일색이었는데, 선생님께서는 일본의 좌익경제학자 가와카미 하지메(河上肇, 1879~1946)가 쓴 책을 통해서 마르크스주의 경제학을 접했다. 이것 때문에 선생님은 누명을 쓰고 죽을 위기에 빠진 적이 있었다. 바로 그때 집안의 형수 한 분이 기지를 발휘하여 죽음의 문턱에서 선생님을 구해 주셨다고 한다. 후에 육군사관학교 교수 시절에도 사상 문제로 군법회의에 무고하게 회부되었는데, 판사가 무죄를 선고하는 바람에 구사일생으로 살아나올 수 있었다고 한다. 여러 독자들도 잘 알다시피, 그 후 선생님께서는 철저한 자유시장경제와 자본주의 사상을 고양시키는 한국 최고의 경제학자가 되셨다.

이것이 이후 선생님께서 1995년에 서울특별시장으로 출마하실 때에 문제로 제기되었는데, 당시 서울대 경제학과의 임원택 교수께서 **"이 사건으로 조순 후보가 공산주의자라 하면, 나도 역시 공산주의자이다."** 라고 언론매체에서 변론해 주셔서, 이 문제는 더 이상 제기되지 않고 완전히 해결되었다.

선생님께서 경기고에 다니실 때 강릉에서 서울로 왕복하시려면 대관령 고개를 넘으셔야 하는데, 그 당시에는 지금처럼 대관령 터널도 없고 또 교통이 좋지 않아, 생선을 가득 실어 나르는 트럭 위에 매달려서 위험하게 대관령 고개를 넘으셔야 했다고 필자에게 말씀하셨다.

2.1.3 서울대 상과대학 전문부(1946-1949)와
강릉농업중학교 교사(1949-1950)

이후 선생님께서는 서울대 상과대학 전문부(이하 전문부로 약함)에서 수학하셨다. 이 전문부에 다니실 때 선생님께서는 전공과목 공부보다는 영어 공부에 더 관심이 많으셨다. 공부하러 도서관에 가시면 선생님의 한 해 선배이신 변형윤 선생님은 보험론과 같은 전공과목을 공부하고 계셨지만, 선생님은 영국의 작가 Thomas Hardy가 1891년에 쓴 단편소설인 The Son's Veto를 읽으셨다고 필자한테 말씀하셨다. Edward Hallett Ted Carr(E.H.T. Carr), Ernest Hemingway, William Somerset Maugham 등의 저서와 작품을 통독하셨다. 그리고 시나 소설 등에 나오는 좋은 영어 문장이나 표현들은 그대로 통째로 암송하여 체득하셨기에, 훌륭하고 아름다운 영어를 구사할 수 있었다고 한다. 그때 쓰신 영어 문장들이 나중에 미국 유학을 마치고 귀국하신 후에 쓰신 문장들보다도 훨씬 좋고 아름답다고 필자에게 말씀하셨다.

이 전문부를 졸업하시고, 선생님께서는 고향에 있는 강릉농업중학교에서 영어 교사(1949-1950)로 부임하셨다. 이때 국어 교사로서 같이 근무한 선생이 그 유명한 황금찬(黃錦燦, 1918-2017) 시인이었는데, 그때도 매주 조회 시간에 나오셔서 올바르고 아름다운 글을 쓰자고 늘 강조하셨다고 한다. 또 이 시절 선생님께서는 열정을 가지시고 제자를 육성하셨다. 필자는 이 제자들 중 몇 분을 만났는데, 그 중의 한 분이 권오식 선생이다. 권 선생은 선생님께서 1980년대 새벽에 필자와 같이 관악산 상봉 약수터로 등산을 다니실 때 늘 선생님을 수행하였다. 그 당시 권 선생은 서울역 뒤에 있는 철도청에 근무하였다. 1948년에 선생님께서는 사모님이신 강릉 김씨 김남희(金南熙) 여사와 결혼도 하시고, 선생님의 장남인 조기송 군이 1949년에 태어나서 즐거운 신혼생활을 하시면서, 후학 교육과 선생님의 독자적인 동서양 학문의 융합을 서서히 구축하였으리라 판단된다.

여기서 사모님에 대해 필자가 들은 바를 적고자 한다. 사모님은 강릉 김씨 집안의 부잣집의 첫째 딸로 태어나셨다. 사모님은 강릉군 사천면에서 출생하셨는데, 조부께서는 홍문관 교관을 하셨기에 사모님의 택호는 사천교관댁이다. 사모님의 친정은 일 년에 삼천 석의 쌀을 수확하고 하인만 70~80명이 되는 대부호였다고 한다. 사모님께서는 어렸을 때는 당신의 손으로 직접 세수하신 적이 없었다고 한다. 사모님의 선조들은 어업과 농업으로 크게 부유하게 되었다고 한다. 한 번은 이웃 어부들이 사모님 댁을 시샘하여, 사모님 친정댁의 생선들을 일부러 부패시키려고 배 짐칸의 가장 밑 칸에 놓았다고 한다.

그러나 갑자기 바다 폭풍이 일어나, 윗 칸의 다른 생선들을 모두 버려야만 했기에, 사모님 댁의 생선만 건재했다고 한다. 그 후 이웃 어민들은 출어 때마다 사모님 댁과 똑같은 축복을 받기 위해 사모님의 친정댁 깃발을 배 위에 높이 달아 올렸다고 한다.

2.1.4 육군사관학교 수석고문관실 통역장교(1951-1952)와 교수부 영어과 교관(1952-1957)

선생님은 1950년 6.25. 전쟁 발발 직후 영어에 능통하신 관계로 통역장교로 자원입대하여, 경상북도 대구에서 육군보병학교 군사훈련을 마치고, 그 당시 대구 육군본부에서 춘천에 있는 야전포병부대로 이동시켜 줄 스리쿼터(three-quarter) 군용트럭을 기다리고 계셨다. 그런데 갑자기 미군 군사고문단 장교인 조셉 브라운(Joseph Brown) 육군 소령이 계단을 내려오더니, 자기가 육군사관학교(이하 육사로 약함) 개교를 위해 통역장교가 필요하다면서 대기하고 있던 통역장교들과 interview를 하기 시작했다. 그들 중에서 영어를 가장 잘 하시는 선생님은 육사 개교를 위한 수석고문관(미군)의 통역장교로 발탁되어 경상남도 진해시로 부임하게 되었다. 이때 경기고 후배인 민공기 소위가 선생님과 생사를 같이 하겠다고 사정하여, 선생님과 같이 육사교장의 통역장교로 가게 되었다고 한다.

여기서 우리들은 한 가지 중요한 질문을 제기할 수 있다. 만약 이때 조섭 브라운 소령이 선생님을 육사로 데려가지 않았다면, 선생님은 과연 오늘날의 그 유명한 학자로 크게 성장할 수 있었겠는가 하는 질문이다. 필자는 어떤 경우에도 선생님께서는 반드시 그렇게 되었을 것이라고 확신한다. 선생님께서 좋아하시는 한시 글귀 중에 **"단령행호사 불필문전정(但令行好事 不必問前程; '다만 지금 좋은 일을 행하고 앞으로 어떻게 될지는 꼭 묻지 말라'는 뜻임. 조부 때부터 내려온 가훈이자 선생님의 좌우명임)"**란 것이 있다. 가령 선생님께서 최전방 춘천의 야전포병부대에 통역장교로 가셨다 하더라도, 선생님께서는 주어진 여건 하에서 최선을 다해 반드시 오늘의 그 위대한 선생님이 되셨을 것으로 필자는 확신한다. 참고로 선생님의 이 좌우명은 선생님의 서울 봉천동 본가 2층 서예 방에 있는 자개농에 선생님의 친필로 분명히 새겨져 있다.

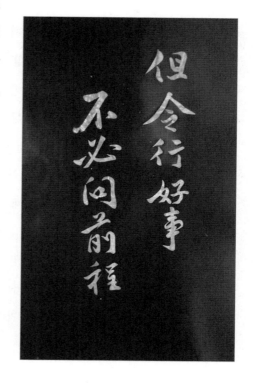

이 초대 수석고문관인 브라운 소령은 성격이 까다롭지 않아 육사 안춘생(안중근 의사의 5촌 조카임) 교장의 요구에 잘 협조하였다. 그러나 2대 수석고문관

인 Zecker (나의 기억력이 희미해져 그의 정확한 이름이 생각나지 않음; 이하 Z소령으로 약함) 소령은 원리원칙주의자로서, 한국인 육사 교장이 요청사항이 있을 경우 구두가 아니라 조목조목 잘 설명하는 문서를 본인에게 제출할 것을 요구하였다. 이에 육사 측의 불만이 많아지자, Z소령은 선생님을 직접 대동하고 안춘생 교장실로 직행했다. 모든 것을 다 아는 안춘생 교장은 그저 웃기만 하는데, Z소령은 다음과 같은 자기 자신의 신념의 말을, 육사 교장의 통역관인 민공기 소위가 아닌, 선생님이 직접 통역하시기를 명령하셨다. "When a man dies, so does his system (한 사람이 죽으면, 그의 제도도 역시 죽는다)." 즉, 브라운 소령이 떠나고 내가 수석고문관이 되었으니, 나는 나의 원칙대로 철두철미하게 일을 처리하겠다는 말이다. 즉, 한국 제도에서는 사람들은 무슨 일을 신청할 때 말로서 적당히 하려고 하는데, 미국 제도에서는 반드시 충분히 설득될 수 있는 자료를 제시하여야만 한다는 것이다. 그러니 앞으로는 반드시 증빙서류를 제출하여야만 결제하겠다는 Z소령의 강력한 의지의 표출이었다. Z소령의 가르침은 매우 소중한 것이어서, 필자가 미국에서 유학을 하였을 때나 말레이시아 국제기구에 근무했을 때나, 그리고 지금도 항상 유념하고 있는 유익한 교훈이다.

(선생님께서는 필자와의 대화에서 영어를 많이 사용하셨다. 그래서 이 책에서는 선생님께서 직접 영어로 하신 말씀은 그대로 영어로 기록하고, 그 뒤에 한글 번역을 첨부하였다. 독자의 넓으신 이해와 양해를 부탁드린다.)

드디어 육사가 1951년에 개교하자, 육사 수석고문관 Z소령은 선생님이 영어과 교관으로 더 적절하다고 판단하여("They need you more than here." 라고 Z소령은 그때 선생님께 말씀하셨다고 함), 선생님을 육사 초대 영어과 교관으로 1952년에 전출시켰다. 여기서 언급하고 싶은 것은, 육사 발전을 위한 대국적 시야에서 선생님을 통역장교로 계속 복무하게 하지 않고 영어과로 전출시킨 Z소령의 태도이다. 그리고 그 Z소령은 밤이 되면 생도들이 공부하는 도서관 같은 곳으로 가서 당시 사용된 백열등의 밝기가 생도들의 눈 건강에 적절한지를 늘 조사하였다고 한다. 비록 미국 군인이지만, 이처럼 육사를 위해 봉사했다고 하니 다시 한 번 더 그를 존경하는 마음이 생긴다.

그 당시에는 선생님을 위한 숙소가 있는 것도 아니어서, 세일러(sailor) 군복을 입고 사무실에서 야전침대를 펴서 그냥 주무셨다고 한다. 선생님이 모셨던 그 당시 육사 영어과 과장은 황찬호 교관이었는데, 후에 그는 서울대 영어과 교수가 되었다. 필자가 대학교 3학년 때 원어민으로부터 영어 회화 교육을 받을 수 있었던 기관이 있었는데, 황 교수가 그때 바로 그 기관의 수장을 역임했었다.

앞에서 언급한 민공기 소위는 이후 미국 유학을 한 후 뉴욕주립대학교(State University of New York), Buffalo에서 교수를 하다가 정년 퇴임하였다고 선생님께서 말씀하셨다. 그가 만약 지금 살아있다면 선생님의 서거에 대해 많이 통곡하고 애도하였으리라 확신한다.

이때 선생님은 육사 11기생들과 깊은 사제관계를 맺게 되었는데, 이들 육사 11기 제자들의 나이가 선생님보다 네 살 정도 적었기 때문에 마치 친구와 같은 제자들이었다고 선생님께서 늘 말씀하셨다. 이들 중에 몇 사람의 이야기를 다음과 같이 소개하고자 한다.

선생님께서는 육사 11기의 대표주자이고 입학과 졸업도 수석이며, 4년 내내 성적이 가장 우수하였으며, 대표 화랑 상까지 받은 김성진(金聖鎭) 박사(1931~2005)를 늘 칭찬하셨다. 김성진 생도는 인천고등학교 졸업생으로, 육사 생도 시 공부를 열심히 하여 선생님의 영어 발음의 accent까지도 교정해 주었다고[6] 말씀하셨다. 또한 leadership이 있어 연대장 생도를 하였으며, 육사 11기 동기생의 대표적인 선두 주자이었다고 한다. 그는 육사 졸업 후 미국 Illinois대에서 물리학 박사를, Florida대에서 기계공학 박사를 취득하였다. 육사 교관(1959~1970), 국방과학연구소 책임연구원(1970~1973), 미국 대사관 국방무관(1973~1976) 및 국방과학연구소 책임연구원(1976~1980)으로 근무하다가 1980년 육군 준장으로 예편하였다.

예편 후 중앙정보부 제1차장, 체신부 장관 및 과학기술처 장관을 역임했고, 1992년에는 한국전산원 이사장으로 취임하였다. 그는 그의 능력을 충분히 발휘하지 못하고 74세의 나이로 2005년에 작고하였다. 그가 작고한 이유 중의 하나는, 그가 중앙정보부 제1차장으로 근무할 때 전두환 대통령의 지시대로 원리원칙에 따라 정부기관에 대한 감사 활동을 하면서, 수많은 동창생들로부터 미움을 받게 되

---

6) 선생님께서 영어 수업시간 중에 instrument란 영어 단어의 발음을 2음절에 accent를 두고 하셨더니, 김성진 생도가 이 단어의 accent가 1음절에 있다고 교정해 주었다고 한다. 여기서 우리는 김성진 생도의 치밀한 성격과 완전주의자(perfectionist)적인 자질을 발견할 수 있다. 이 치밀하고 완전을 추구하는 그의 노력이, 그로 하여금 미국에서 박사학위를 두 개씩이나 받을 수 있게 하지 않았나 판단된다.

었다. 그러나 그러한 동창생의 미움을 잘 견디지 못하는 그의 착하고 선한 성정 때문이었다고 선생님께서 말씀하셨다.

필자가 선생님 댁에 기거한 1972년 가을에는, 선생님의 초대로 상월곡동 집을 방문한 김성진 박사를 직접 만나 저녁 식사를 같이 하면서 정말로 유익한 대화를 나눈 적이 있었다. 벌써 50년이 지난 이 순간에도 그의 선한 얼굴과 냉철한 그의 말이 내 눈과 귀에 선명하게 남아 있다. 지금도 태릉 육사 교정에 가면 돌 위의 동판에 그의 이름과 11기 육사 수석졸업생이고 대표 화랑생도라고 새겨진 곳이 있다. 필자가 육사 경제학과 교관(1972~1975)으로 근무할 때는 자주 그곳을 방문하면서, 이러한 인재가 조국 대한민국의 지도자가 되어야 하지 않을까 하고 사색에 잠긴 적이 여러 번 있었다.

후에 대통령이 된 전두환과 노태우 생도, 그리고 김복동 장군에 대해서도 평소에 자주 필자에게 말씀하셨다. 선생님께서 서울상대 교무과장으로 근무하시던 1970년대 초반 경에, 박정희 대통령이 위수령을 선포하여 모든 대학이 휴교할 때의 일이었다. 선생님 방에 갑자기 신체 건장하고 베레모 쓴 공수부대원들이 들어와서 곧 1공수특전여단장님이 인사하러 오신다고 신고하였다. 조금 후 전두환 대령이 선생님 방에 와서 정중히 인사하면서, 지금 자기는 이웃에 있는 고려대학교에 주둔하고 있다고 말했다고 한다. 선생님께서는 당신의 사무실을 친히 방문한 전두환 대령을 늘 칭찬하셨지만, 1979년 12월 12일 군사반란사건 이후에는 전두환을 금기시하며 전혀 만나지 아니하셨다.

선생님께서는 전두환 정권이 합법적인 정권이라 생각지 아니하셨기 때문에, 전두환 대통령의 정부 입각을 위한 수많은 love call을 단호히 거부하셨다. 그리고 전두환 대통령이 공식 회의에서 "내가 육사 생도일 때 영어과 교관이었으며, 지금은 서울상대 교수로 있는 조 아무개라는 교수가 있는데, 이 교수는 국가관이 투철하지 않아 정부 입각을 계속 거부하고 있다."고 불만을 토로하였다는 것을 선생님은 간접적으로 들어서 잘 알고 있다고 하셨다. 그 당시 서슬이 시퍼렇던 5공 정권 하에서 정부의 보복이 있을 수 있다는 것을 잘 아시고 계시는 선생님께서는 전 대통령으로부터 있을 수 있는 어떠한 형태의 보복에 대해서도 초연하게 대응하실 태세를 취하고 계셨다.

그러나 1988년 2월에 출범한 노태우 정권은 국민의 투표로 선출된 합법적인 정부로 판단하셨기에, 선생님께서는 노태우 정권의 초대 부총리 겸 경제기획원 장관으로 취임하셨다.

선생님께서는 김복동 장군(1933~2000)이 일찍 작고한 데 대해 늘 애석하게 생각하셨다. 김복동 장군은 육사 11기생 졸업생 총 156명 중 13등으로 졸업할 정도로 성적이 우수하였다. 이후 동기생들의 진급에 있어 전두환 장군과 항상 경쟁 관계에 있었다. 그러나 10 · 26 박정희 대통령 시해사건 때에 그는 청와대 경호실 행정차장보로 있었기 때문에 책임을 져야 할 입장에 있었다. 그러므로 그 이후부터는 진급에 있어 전두환 장군에게 밀릴 수밖에 없었다. 그는 또한 12 · 12 군사반란 사건을 반대하는 입장에서 그 사건에 가담하지 않았기 때문에, 그의 매제인 노태우의 보호가 없었더라면 크게 고초를 당하였을

것이라 생각된다. 그는 그 이후 육사 교장 및 대한광업진흥공사 사장
을 하였지만, 과음과 비관으로 육십대 나이에 일찍 세상을 떠났다.

필자가 육사 경제학과 교수로 근무(1972~1975)할 때 김복동 장
군은 육사 생도대장(준장)을 하였고, 경북중고등학교 15년 선배이고,
안동 김씨의 먼 친척이 되는 관계에 있었다. 그래서 필자가 1981년
미국에서 공부를 마치고 육사 교장실로 김복동 장군에게 인사를 간
적이 있었다. 평소 같으면 수많은 방문객으로 법석이었어야 할 육사
교장실이 아무도 그를 면담하는 자가 없어, 본인이 한 시간 가량 교
장실에서 머물며 그와 환담을 한 적이 있었다. 그때 권력이란 이렇게
무섭고 냉정하다는 것을 뼈저리게 느꼈다.

1981년경에 김복동 육사 교장이 그가 생도 때의 은사님들을 육
사로 초대한 적이 있었다. 그때 선생님께서는 12 · 12 군사반란사건
에 대해 크게 반대하는 입장이어서, 서울대 제자들만을 제자로 생각
하고 육사 제자들은 제자로 생각지 아니한다는 식의 말씀을 하셨다.
이에 김복동 장군이 크게 섭섭히 생각하였기에 선생님께서 즉석에서
사과하신 적이 있다고 필자에게 말씀하셨다.

그러나 그것은 사소한 실수이고, 선생님께서는 육사를 너무 사
랑하셨기에 전임 육사 교수부 교관 모임인 화랑교수회 모임에 선생
님의 몸이 불편하시기 전에는 거의 매년 참석하셨다. 필자는 그때마
다 선생님께 봉천동 자택에서 육사 교정까지 왕복 운전을 해드리는
영광을 갖게 되었다. 여기서 화랑교수회 초대 회장이셨던 이동희 장
군에 대해 이야기하지 않을 수 없다. 이동희 장군은 육사 11기생으로

한평생을 육사 교수부 사회과학처 정치외교학과 교수로 근무하였고,
마지막에는 육사 교수부장(육군 준장)을 역임하였다. 선생님은 이동
희 장군을 특히 사랑하셨는데, 그의 쾌활한 성격과 재치를 특히 좋아
하셨기 때문이다. 이동희 장군은 얼굴은 미남인데 키가 너무 작아,
자기는 앉으면 미남이지만 일어서면 추남이라고 말하였다. 이렇게
재치가 있는 이동희 장군은 수년 전에 작고하였다.

이들 이외에도 평생 육사 교수부 영어과 교관으로 근무한 김진
우 대령, 육사 졸업 후 사법시험에 합격한 후 육군 법무감으로 근무
한 김영균 장군, 또 버마(미얀마) 아웅산 사건에서 살아 돌아온 이기
백 장군 등을 좋아하셨다.

이때 선생님은 육사교수 관사(지금의 육사골프장 근방)에서 사셨
는데, 사람들과의 교유를 좋아하시는 선생님께서는 많은 손님들을
초대하셔서 즐겁게 환담하셨다고 사모님께서 여러 번 필자에게 말씀
하셨다. 음주를 좋아하시는 선생님은 가끔 대취하셔서 그 다음 날 고
생을 하신 적이 많았다고 한다. 그러나 선친으로부터 건강한 체질을
물려받은 선생님께서는 다소 과음을 하시더라도 곧 회복하셨다고 한
다. 술을 전혀 안 하는 필자를 보고 늘 재미가 없다고 하시곤 하였다.
이 행복한 시절에 선생님의 이남인 조준과 삼남인 조건이 태어났으
며, 그 당시 한국의 모든 가정이 그러했듯이, 육사 관사가 겨울에 매
우 추워 이남인 조준 씨가 기침을 많이 하여 사모님께서 걱정을 많이
하였다고 필자에게 말씀하셨다.

선생님께서는 이때 이승만 정권의 독재정치에 분개도 하셨으며,

또 변화가 없고 단조한 육사교관 생활에 대해 "불행이라도 좋으니, 변화가 있으면 좋겠다."고 하시면서 미국유학 준비를 시작하셨다. 특히 서울상대 전문부를 다니실 때 감명 깊게 읽은 Keynes의 일반 이론과 그의 사상에 매료되어 미국 유학을 적극적으로 추진하셨다.

참고로 그 당시 선생님과 같이 육사 교수부 교관으로 근무했던 수많은 교관들 중에 필자가 잘 아는 일부 교관들을 소개하면 다음과 같다(가나다 순, 존칭 생략).

경제학과에는 권태일, 변형윤, 전병원.

수학과에는 고영부.

물리학과에는 김영전.

사학과에는 이기백 등이다.

2.1.5 미국 보든(Bowdoin)대학의 학부과정(1957~1960)

선생님은 29세가 되는 1957년에 육사 교관에서 예편하시고, 새로운 선진 구미 학문을 배우기 위해 노모와 사모님과 아들 3형제를 한국에 두고 무겁고 설레는 마음으로 도미 유학을 떠나셨다. 이때 가난했던 선생님은 간단한 세면도구와 미화 단돈 US $100을 소지하고 미국으로 10월 5일에 출국하셨다. 선생님께서 프로펠러 비행기를 장시간 타시고 미국 대륙 동부 끝에 있는 Maine주 Brunswick시에 소재한 Bowdoin대학 근방에 겨우 도착하셨다. 길을 잘 몰라 미국인에게 "Bowdoin대학이 어디에 있냐? (Where is Bowdoin College?)"고 물었더니, 그 미국인이 "지금 당신은 바로 그 한가운데 있다(Now you are just in the middle of it)."라고 대답하였다고 필자에게 말씀하셨다.

참고로 미국 대학교 학부 과정(undergraduate)은 대학원 과정보다 공부하기가 훨씬 더 어렵다. 왜냐하면, 대학원 과정에는 자기의 전공과목만 이수하면 되지만 학부 과정에는 전 학문 분야와 예술 분야의 과목까지도 이수해야 하기 때문이다.

선생님께서는 Fraternity(미국 대학교 캠퍼스 주변에 동호인 학생들이 같이 생활하는 숙소)에서 3년 동안 생활하셨는데, 항상 깨끗한 침대보와 따뜻한 담요가 제공되었다고 한다. 그러나 이것이 같은 Fraternity에 사는 룸메이트인 George Lankin의 부모님이 제공했다는 사실을 나중에 알고, 몹시 당황하고 고마워했다고 말씀하셨다. 선생님은 Bowdoin대로부터 전액 장학금은 받았지만, Fraternity 숙식비는 학생회가 1년만 부담하는 것으로 계약되어 있었다. 무일푼인 선생님은 George Waterberg 학생회장의 도움으로 학생회에 모인 전 학생들에게 추가지원을 간절히 호소하는 연설을 감명 깊게 하여, 추가 2년도 무료로 Fraternity에 살게 되었다고 한다. 같이 사는 학생들보다 연세도 열 살 정도 더 많고 성실하셨기 때문에 Fraternity 보조 직원으로 근무하게 되어 약간의 수고료도 받으셨다고 필자에게 말씀을 하셨다.

Fraternity는 여름방학에는 문을 닫기 때문에, 여름방학 중에는 친한 친구 몇 명과 더불어 미 대륙을 무전 여행하셨다고 한다. 어느 도시에 도착하면 접시 닦기로 일할 음식점을 먼저 구하고, 그 다음에는 그 음식점에서 일하면서 번 돈으로 여행비에 충당하셨다고 한다. 이렇게 하시면서 선생님은 그 광활한 미 대륙을 세 번씩이나 무전여행을 하셨다고 한다.

　　Fraternity 생활에서 재미있는 일화 중 하나는, 어느 날 아침에 일어나니 룸메이트인 George Lankin이 계속 방귀를 뀌기에 선생님께서 **"이것이 미국 사람들이 아침에 서로 인사하는 방법인가? (Is this the way an American greets people in the morning?)"** 이라고 했더니, 그 룸메이트가 **"이것이 내가 아는 유일한 한국어이다 (This is the only Korean language that I know)."** 라고 대답했다는 사실이다.

　　학업성적도 좋고 성실하셨기 때문에 서울대 상과대학 전문부에서 이수했던 학점들이 거의 인정되어 선생님께서는 3년 만에 Bowdoin College를 졸업하게 되었다.

　　강릉에 노모와 사모님과 세 아들을 두고 온 선생님은 근검절약하는 생활을 하셔서 매달 US $100.00 씩을 집으로 송금해 드렸다고 한다. 주말에는 조금 남은 돈으로 선생님이 좋아하시는 맥주 한잔을 드시면서 지독하게 엄습하는 고독과 향수를 달래셨다고 필자에게 여러 번 말씀하셨다.

　　선생님이 다니셨던 Bowdoin College는 미국의 위대한 작가이며 '**주홍글씨(The Scarlet Letter)**'란 장편소설을 쓴 Nathaniel Hawthorne을 배출한 유서 깊은 대학이다. 선생님께서는 학교 박물

관에 있는 Hawthorne의 아름답게 작성된 그의 친필 원고를 직접 보았다고 말씀하셨다. 그때 선생님께서는 '큰 바위 얼굴(The Great Stone Face)'의 주인공인 Ernest처럼, 외롭고 어려운 학부 공부 과정에서도 지속적인 자기성찰과 훈련을 통해, 그 자신의 내면 가치를 극대화 시켜 오늘의 위대한 학자이며 경세가(經世家)이신 소천 조순 교수로 성장하였으리라 필자는 확신한다.

또한 선생님께서는 인문(liberal arts)대학인 Bowdoin 대학을 다니면서 엄청난 양의 독서와 글쓰기, 토론을 통해 선생님이 평생 살아가시는 데 필요한 교양인으로서의 자질을 배웠다고 하셨다.

미국 Maine 주 Bowdoin 대학에서 학사학위를 마친 후 박사학위를 받기 위해 대학원 과정을 지원하였는데, Harvard대학교로부터는 입학허가만 나왔고, California 대학교(Berkeley)로부터는 입학허가와 장학금이 동시에 나왔다고 한다. 효자이신 선생님은 노모에게 편지를 쓰면서, Harvard 대학교와 California 대학교를 잘 모르시는 노모에게 "경기고등학교와 같은 대학원에서는 입학허가만 나왔고, 경복고등학교와 같은 대학원에서는 입학허가와 장학금이 나왔으니, 어느 대학원으로 갈까요?"하고 물어보았다고 한다. 이에 대한 노모의 답변으로 "내가 알기에는, 경복고등학교도 좋은 학교라고 들었으니, 입학허가와 장학금이 나오는 경복고등학교로 가라."는 내용의 답장을 받았다. 그리하여 선생님께서는 California 대학교로 가시기로 결심하였다.

그런데 여기에서 문제가 하나 발생하였다. 선생님께서 육사 근

무 중 통역장교이었던 이충일 대위(본인의 기억력 감퇴로 이 분의 성함
이 정확한지 잘 기억할 수 없음; 이하 그저 이 대위라고 약함)와의 약속이
었다. 육사 근무 중 이 대위는 영어통역을 매우 잘 하여, 미국의
James Van Fleet 대장이 육사를 방문할 때 이 대위는 열중쉬어 자
세로 "**나의 친애하는 육사 생도들 여러분!** (Dear my military cadets
of Korea Military Academy!)"으로 시작되는 대장의 연설문을 정말
잘 통역하였다고 선생님은 여러 번 말씀하셨다. 그런데 선생님과 이
대위는 육사 근무 중 "**제대 이후 같이 Harvard대 대학원에 가서 경
제학 공부를 같이 하자.**"고 철석같이 약속하였다고 한다.

　미리 미국 Yale대 학부에서 역사학을 공부하고 있던 이 대위는
선생님께서 Bowdoin College로 1957년에 유학갈 때 "**휴대할 책이
무엇이냐?**"고 이 대위한테 물었더니, 그의 대답은 "**미국대학 도서
관에는 수많은 사전이 있다. 그러므로 당신이 갖고 와야 할 것은 아
무것도 없다.**(There are so many dictionaries in the US university
library. Therefore you do not have to carry anything with you at
all.)" 이라고 호기 있게 답변할 정도로 가까운 사이였다. 이제 이 대
위와의 약속을 파기해야만 하는 선생님은 New York시 Manhattan
에 있는 그 유명한 Time Square 지하철역에서 정해진 시간에 만나
기로 하였다. 그때 선생님을 만난 이 대위는 선생님께서 Harvard 대
학원으로 오시지 않은 것에 대해 매우 실망하면서 헤어졌다고 한다.

　그 후 선생님은 California 대학교에서 열심히 공부하시느라고
이 대위에게 연락을 자주 못 하였고, 한국에 귀국하신 후에는 완전히

관계가 두절되었다고 한다. Yale대를 졸업한 서울대 정치외교학과의 이홍구 교수한테 물어도 그의 행방을 알 수가 없었다고 하셨다. 필자가 선생님 댁에 유하였던 1970년대 초기에는 늘 이 대위의 이야기를 하면서, **"광활한 미 대륙에 끝없이 펼쳐진 고속도로에서 혹시 교통사고로 사망하지 않았을까?"** 하며 눈물까지 글썽이면서 걱정 근심을 하셨다. 그런데 필자가 미국 유학을 하던 1970년대 후반에 선생님께서 필자한테 오셔서 이 대위에 대한 반가운 소식을 전해 주시면서 마치 소년처럼 기뻐하셨다. 선생님의 말씀에 의하면, 이 대위가 한국 잡지를 보다가 선생님의 근황을 보고 급히 연락하였다는 것이다. 이 대위의 말에 의하면, 선생님과 Time Square 지하철역에서 헤어진 후 공부도 잘 안 되어서 Yale대를 그만 두고, 지금은 조그마한 서점을 운영하고 있다는 소식이었다. 여기에서 우리는 선생님의 친구를 사랑하고 그리워하는 다정다감하신 면을 볼 수가 있으며, 만약 이 대위가 아직도 살아있다면 선생님의 서거에 대성통곡(大聲痛哭)하였으리라 확신한다.

2.1.6 미국 캘리포니아(California) 대학교에서
대학원과정(1960-1967)

선생님은 32세가 되는 1960년에 미 대륙의 동쪽 끝인 Brunswick, Maine에서 서쪽 끝인 Berkeley, California로 미 대륙을 횡단하였다.

이 당시 Berkeley 캠퍼스에서 선생님과 함께 유학하였던 상경계 한국
인 학생의 명단을 열거하면 다음과 같다(가나다 순, 존칭 생략).

　　곽승영(전 미국 Howard 대학 교수, 2012년 작고)

　　김기환(전 상공부 차관)

　　나웅배(전 경제부총리, 수년 전에 작고)

　　박영대(전 상공부 국장)

　　안승철(전 KDI 원장)

　　유종규(전 미국 Oklahoma대 교수, 이십여 년 전에 작고)

　　이정훈(전 미국 Hawaii대 교수)

　　이들 중에서 선생님께서 제일 먼저 박사학위를 받고 서울대 경
제학과 교수로 취직되자마자 선생님의 지도교수였던 Rolph교수는
선생님으로부터 받은 편지를 Xerox copy하여 한국인 유학생들에게
보여 주면서, 경제학박사 취득 후 빨리 한국으로 돌아가기를 종용하
였다고 한다.

　　이들 선생님 후배들 중에 특히 선생님을 사랑하고 또 많이 추종
하였던 분이 바로 곽승영 교수이다. 곽승영 박사는 졸업 후,
Brookings Institute, Federal Reserve System, US Treasury 등
에 근무한 후, Washington D.C.에 있는 Howard대학교에서 근무
하였다. 그러나 곽 교수는 한국을 너무 좋아하고 또 당시 그의 노모
가 경상북도 청도군에 살아 계셨기에 여름방학 때마다 한국에 왔으
며, 또 안식년 휴가(sabbatical leave)를 받아 한국에 자주 왔다. 특히

2000년에는 필자가 원장으로 시무했던 한국외대 국제지역대학원에
초빙교수로 청빙되어 1년간 근무하였다. 곽 박사는 한국에 직장을 구
하려고 하였으나 그 당시는 이중국적자를 금기시하는 규제 때문에
결국 성공하지 못하였다. 선생님께서는 빨리 국적 정리를 못 하는 곽
박사에 대해 애석하게 생각했었다.

　곽승영 박사에 대한 에피소드는 대단히 많다.

　한 번은 곽승영 대학원생이 공부를 많이 하여 몸이 아파서 학교
의무실에 입원한 적이 있었다. 그런데 곽승영 학생은 쉬지 않고 의무
실에서 계속 공부를 하였는데, 이를 본 담당 의사가 곽승영 학생에게
**"당신의 생명과 당신의 공부 중 어느 것이 더 중요한가? (Which is
more important, your life or your study?)"**라고 물었는데, 이에 대
한 곽승영 학생의 답은 **"내 공부이다(My study)."**였다고 한다. 이에
감동한 담당 의사가 이를 학교 당국에 보고하였고, 이 보고를 접수한
학교 당국은 곽승영 학생에게 좋은 장학금을 지급하였다고 한다.

　또 선생님께서 Berkeley에서 만난 분 중의 하나가 바로 김호길
(金浩吉) 박사이다. 김호길 박사는 본관은 의성(義城)이고 아호는 무
은재(無垠齋)로서, 경북 안동시 임동면에서 1933년에 출생하였다. 그
는 임진왜란(壬辰倭亂)때의 그 유명한 학봉(鶴峰) 김성일(金誠一)의 후
손으로, 서울대 물리학과를 졸업(1956)한 후 영국 Birmingham대에
서 이학박사(1964)를 받은 세계적으로 유명한 가속기 물리학자이다.
그는 선생님께서 Berkeley대에서 유학하실 때 Lawrence Berkeley
Laboratory의 연구원으로 물리학 연구에 전념하고 있었다. 선생님

께서는 그 당시 온 가족을 강릉에 두고 혼자 사는 유학생활이 너무 힘들고 외로워서, 김호길 박사에게 친구처럼 말을 놓고 지내자고 제안하였다. 그러나 김호길 박사는 형님과 같은 연배인 선생님께 말을 놓을 수 없다고 처음에는 완강히 거부하였으나, 선생님의 지속적인 간청으로 말을 놓고 지내는 친구지간이 되었다고 한다.

"**경상북도 안동은 조선의 성지(聖地)이다.**" 라고 늘 주장하는 김호길 박사는 하루는 공자의 논어(論語) 한 구절 때문에 선생님과 다툰 적이 있었다고 한다. 결국 Berkeley대 도서관에까지 가서 논어 사본을 보면서 확인한 후에야, 결국 선생님이 옳았다는 것이 판정되었다고 한다. 여기서 우리는 인재를 사랑하고 교우하려는 선생님의 굳은 의지를 발견할 수 있다.

선생님께서 1973년에 UN FAO의 초청으로 인도 Cochin과 이태리 Rome을 거쳐, 그 당시 독일 Karlsruhe에 체재 중인 김호길 박사를 만났다고 하셨다. 선생님을 만난 김호길 박사는 만나자마자 떠날 때까지 환담을 계속하여, 선생님은 결국 샤워(shower)도 못하셨다고 말씀하셨다. 결국 천재와 천재의 만남은 그 흔한 샤워할 시간도 없이 귀중한 대화로 이어졌다니, 필자 같은 우둔한 사람은 도저히 범접할 수 없는 경지인 것이 분명하다.

논어 자로(子路)편 제23장에는, "자왈(子曰) 군자화이부동(君子和而不同), 소인동이불화(小人同而不和)." 란 공자의 말이 나온다. 번역하면 "군자는 조화롭게 어울리지만 반드시 같기를 요구하지는 않고, 소인은 반드시 같기를 요구하지만 조화롭게 어울리지는 못한다." 선생님과 김호길 박사는 둘 다 모두 군자지만, 서로 전공 분야, 성장 과정, 가풍 등에 있어 모두가 다르다. 그러나 그 둘은 서로 조화로워서, 샤워할 틈도 없이 밤새도록 대화를 했으니, 실로 필자 같은 소인은 부럽기 그지없다. 참고로 이 공자의 말은 선생님도 좋아하셔서, 선생님의 봉천동 본가 2층 서예방에 있는 자개농에 선생님의 친필로 새겨져 있다.

세계적인 물리학자인 김호길 박사는 1983년에 고국으로 영구 귀국하여 연암공전학장과 초대 포항공대 총장을 역임하였다. 그러나 1994년 포항공대 운동장에서 같은 구내에 있는 산업과학기술연구소와의 학연(學硏) 친선체육대회 도중 넘어져 병원으로 옮기던 중 뇌출혈로 사망했다. 선생님께서는 친히 포항에 가서 조문하시면서 매우 우울해 하셨다. 참고로 한동대 초대 총장이었던 김영길(金永吉) 박사는 바로 고인의 친동생이다.

선생님께서 1960년부터 1967년까지 공부하신 U.C.(University of California) Berkeley 대학교 경제과 건물을 필자가 직접 방문한 적이 있었다. 필자의 장녀 김선영(金善英)이 2000년대 중엽에 U.C. Berkeley 법학대학원에 다녔고, 또 그의 남편인 손창영(孫昌映)은 California 주립대를 다녔다. 그래서 필자가 Berkeley 방문할 때 일부러 경제학과 건물을 찾아갔다. 선생님의 말씀대로, 건물이 매우 낡아 층계를 오를 때마다 소음이 심했지만, 그러나 이곳이 선생님께서 향수와 외로움에 시달리면서 혼신의 힘으로 7년간 공부하셨던 곳이라 생각하니, 감회가 매우 깊었다.

선생님께서는 이때 Piedmont Avenue에 있는 나이가 많은 미국 할머니(Mrs. Howard) 집에서 김기환 유학생과 함께 기숙하셨다. 그런데 그 당시 이 집에 K씨라는 한국인 친구가 자주 놀러왔다고 한다. 이 K씨는 한국에 약혼녀가 있는데도 불구하고 현지의 어느 한 여인에게 눈이 팔려 한국 귀국을 미루고 있는 상태이었다. 선생님께서는 이 K씨를 만나 긴 설득 끝에 이 K씨는 한국으로 귀국하겠다고 결정하였다고 한다. 그런데 선생님께서 하루는 집에 돌아오니, 집주인인 Mrs. Howard가 시내에서 K씨를 보았다고 했다. 이에 대해 선생님께서는 **"당신이 다른 사람을 본 게 분명합니다(You must have seen a wrong person).**"라고 대답하셨는데, 그 이후 선생님께서는 K씨의 행방을 잘 모르신다고 하셨다.

여기서 필자가 말하고 싶은 것은 선생님이 10년 동안 홀로 유학생활을 하는 중에 한 번도 남자로서 한눈을 파신 적이 없다는 사실이다. 감히 도인(道人)의 경지이며, 성인(聖人, Saint)의 경지이다. 이와 아울러 10년 동안 홀 시어머님을 모시고 아들 넷을 뒷바라지하며 오직 선생님의 금의환향(錦衣還鄉)만을 기다리신 사모님 또한 위대하시다. 오늘의 신식 며느리라면 감히 상상도 못할 일이다. 지금도 선생님의 강릉 생가에 가면 큰 감나무가 한 그루 있다. 사모님께서는 가을이 되면 잘 익은 감을 한 광주리에 담아 머리에 이고 십여 리가 되는 강릉시내 시장에 가 파셔서 생계에 보탬을 하셨다고 필자에게 자주 말씀하셨다. 이 두 분의 상상을 초월하는 정신력과 희생 위에 오늘의 그 위대한 소천 조순 선생님이 배출되었다고 필자는 확신한다.

필자는 주요 회의에 참석하시는 선생님께 운전을 자주 해드렸다. 회의가 끝나고 필자가 선생님을 봉천동 본가로 모시고 가려고 하면, 선생님께서는 집에서 걱정하시는 사모님을 위해, 차를 타시자마자 사모님께 핸드폰으로 귀가 중이라고 꼭 연락을 하셨다. 그리고 필자가 선생님을 모시고 관악산 등반을 같이한 지난 20여 년 동안, 선생님은 꼭 사모님을 대동하셨다. 이렇게 금슬이 좋은 부부는 이 세상에서 아마 선생님과 사모님밖에 없으리라고 필자는 확신한다.

선생님께서 졸업식에 참석한 것은 강릉중앙초등학교와 캘리포니아대 Berkeley에서 박사학위를 수여 받을 때뿐이라고 여러 번 말씀하셨다. 선생님께서는 Berkeley 대학의 1967년도 졸업식에도 참석하지 않으시려는 것을 후배인 곽승영 대학원생의 강권과 졸업 가운(gown) 비용 $100의 지원 제의로 참석하셨다고 필자에게 말씀하셨다. 그러나 청렴결백한 선생님은 이 $100을 결국 받지 않으셔서, 선생님은 박사 가운 없이 졸업식에 참석하셨다고 한다.

이 기간 중 선생님의 모친이 4~5년 전부터 위암 판정을 받고 위독하셔서 선생님께서는 1963년에 잠시 귀국하셨다. 모친께서는 서울 삼육대학병원에 입원하고 계셨는데, 불편해하시는 어머님을 위해 닭털로 만든 고가(高價)의 베개를 구해 드려 사용하게 하셨더니 어머님께서 대단히 기뻐하셨다고 필자에게 말씀하셨다.

병환이 조금 호전되면 강릉 학산으로 모시고 오시고, 병세가 악화되면 서울에 살고 있었던 누님 집이나 여동생 집에 모셨다고 한다. 여기서 특기할 것은, 사모님께서는 소화를 못 하시는 시어머님을 위해 거의 3년 동안 당신이 직접 음식을 먼저 씹으신 후에 시어머님께 드렸다고 한다. 오늘날의 현대식 교육을 받은 며느리 같으면 감히 엄두도 못낼 일이었으리라. 이렇게 효심이 강한 효부를 늘 자랑하신 모친은 돌아가시기 전에 선생님께, 중요한 일이 있을 때마다 반드시 사모님과 상의할 것을 유언으로 남기셨다고 한다.

이때 사모님께서는 선생님의 4남이고 막내인 조승주 군을 잉태하셨지만, 모친의 소천 직후에 공부를 계속하기 위해 California대로 되돌아가신 선생님께서는 조승주 군의 탄생을 보지 못하셨다. 이 이유 때문인지 선생님께서는 평소에 조승주 군을 특별히 사랑하셨다.

2.1.7 미국 뉴햄프셔(New Hampshire)대학교 조교수(1965-1967)

선생님은 ABD(All But Dissertation, 미국 대학교 대학원 박사과정에서 학위 논문 외에는 모든 과정을 수료한 학생을 의미함) 신분으로 미국 대륙을 서에서 동으로 가로질러 New Hampshire대 경제학과의 조교수로 1965년부터 1967년까지 근무하셨다. 필자는 셋째 사위가 2010년대 중반에 뉴햄프셔(New Hampshire)주 Hanover시에 있는 Dartmouth대 Tuck경영대학원을 다녔기에, 필자는 일부러 시간을 내어 New Hampshire 주 Durham 시에 소재한 New Hampshire대를 방문한 적이 있다. 이곳이 바로 선생님께서 온 가족을 강릉에 두고 강의를 하면서 박사학위 논문을 쓰시려고 수고하신 곳이라고 생각하니 감회가 깊었다.

이때 선생님은 Armen Alchian이 저작한 University Economics란 교재로 우등생(honor student) 학급에서 경제원론을 가르쳤는데, 학생들의 질문과 대답이 매우 좋아서 가르치는데 큰 보람을 느끼셨다고 말씀하셨다.

2.2 필자의 인생행로(1948-1967)

필자는 1948년 4월 12일에 대구광역시 중구 동문동에서 부친 안동김씨 김완규(金完圭)와 모친 진양(晉陽) 정씨 정복순(鄭福順)의 6남 2녀 중 4남으로 태어났다. 안동 김씨는 안동에 먼저 살고 있었던 선안동(先安東) 김씨와 후에 안동으로 늦게 이주한 후안동(後安東) 김씨가 있는데, 두 안동 김씨는 지금까지도 사이좋게 잘 지내고 있다. 상해 임시정부의 주석이었던 백범 김구 선생은 선안동의 대표적인 인물이다. 필자는 후안동 김씨이다. 후안동 김씨의 시조는 고려 초 왕건을 도와 개국의 일등 공신인 김선평(金宣平)이다.

후안동 김씨의 중시조는 본인의 16대조 할아버지이시며, 이조 초기 성종 때 대사간, 대사헌, 성균관 대사성, 승정원 도승지를 역임한 청백리(淸白吏) 정헌공(定獻公) 보백당(寶白堂) 김계행(金係行, 1431~1517)이다. 보백당은 연산군의 폭정을 보고 경상북도 안동시 길안면 묵계리에 정착하여 묵계서원(黙溪書院)을 세우고, 만휴정 원림(晚休亭 園林)7)에서 독서와 사색을 하였다.

보백당 선생은 "오가무보물, 보물유청백(吾家無寶物, 寶物有淸白, 우리 집에는 아무런 보물이 없으니, 오직 청백의 마음가짐만이 보배일 뿐이다)."이란 유훈을 남기고, 후손들이 절대로 관계로 출사하지 말 것을 당부하였다. 그 후손들은 물론 후에 남인(南人)으로 남아 있어 권력의 핵심에서 완전히 소외되어 있었다.

그러므로 본인의 가문은 이조 말에 60년 세도정치(勢道政治)를 한 안동김씨의 다른 일파인 소위 장동김씨(壯洞金氏)와는 다르다. 이 장동김씨들은 김계행의 형인 판관공(判官公) 김계권(金係權)의 후손들로서 노론(老論) 중 시파(時

---

7) 이 만휴정 원림은 폭포, 계류, 산림경관 등이 조화를 이룬 지극히 아름다운 곳으로, 2011년 8월 8일 대한민국의 명승 제82호로 지정되었다. 여러 독자들이 이곳(경북 안동시 길안면 묵계하리길 42)을 방문하여, 보백당이 500여 년 전에 누린 그 풍류를 함께 누리기를 강력히 추천한다.

派)8)로 남아 있다가, 그들의 딸들을 순조, 헌종, 철종 임금과 혼인시
킴으로써 60년간 절대 권력을 유지하였다.

여기서 한마디 하고자 한다. 이씨조선은 중기 이후 사색당파가
창궐하고 말기에는 장동김씨 손에 농락당했으니 어찌 그 나라가 망
하지 않을 수가 있겠는가? 모든 조선 신민들이 완전히 뭉쳐서 총력
을 집중해도 어려운 국내 문제를 해결하고 또 외침으로부터 나라를
보전하기가 어려웠을 텐데, 안동김씨의 일파인 장동김씨의 세도만
있었으니 애통하고 애통하다. 본인은 장동김씨가 아니지만, 안동 김
씨의 일원으로 여러 독자에게 심심한 사죄의 말씀을 올린다.

필자의 아버지는 경상북도 안동군 길안면 고란리에서 탄생하셨
다. 큰아버지 댁에 아들이 없어 "먼 곳으로 이사를 가면 아들을 가질
수 있다."는 주위 사람들의 말을 믿고, 온 가족이 소달구지를 끌고
높고 높은 문경새재를 넘어, 충청북도 충주시 수안보면으로 이사를
가게 되었다. 그 결과 필자의 선친은 수안보초등학교를 졸업하셨으
며, 그 후 대구로 오셔서 한의학을 공부하셔서 한의사가 되셨다.

그리고 필자의 모친은 경상남도 합천군 초계면 택리에서 출생하
였으나, 온 집안이 대구로 이사 오셔서 현재의 대구초등학교 근처에
사셨다고 한다. 초등학교를 다니고 싶어 대구초등학교에 가면, 본인
의 외조부께서는 "여자는 초등학교를 다닐 필요가 없다."고 하시면

---

8) 시파(時派)는 조선 정조 시기에 정조의 탕평책을 지지한 세력이다. 장동김씨의 세도
정치를 시작한 풍고(楓皐) 김조순(金祖淳, 1765-1832)이 이 시파의 영수이다. 그의
딸이 바로 조선 제23대 왕인 순조의 정비(正妃)인 순원왕후(純元王后)이다.

서 모친을 집으로 데리고 와서 감금하신 적이 여러 번 있었다고 한
다. 정말로 호랑이 담배 피울 때 이야기이다.

장남이 아닌 필자는 대가족의 일원으로 부모님의 사랑과 관심을
상대적으로 덜 받고 성장하였다. 1954년부터는 대구중앙초등학교를
다녔는데 3학년까지는 성적이 그저 한 반에서 20등 정도를 하는 평
범한 학생이었다. 그리고 장난이 얼마나 심했던지 빨리 달리는 자동
차 속에 세 번씩이나 뛰어들었으나 하나님의 은혜로 무사히 살아났
다. 한 번은 나의 건강을 자랑하기 위해 지붕 높이의 위치에서 뛰어
내리다가 다쳐 부모님들로부터 크게 야단을 맞기도 했다. 학교에서
돌아오면 어린 동생들을 업고 그들을 돌보아야 했는데, 그렇지 않으
면 바쁘신 어머님이 대식구의 저녁 식사를 준비할 수가 없었다.

그런데 초등학교 4학년 때부터 공부를 열심히 해야겠다는 마음
이 생겨 매일 새벽 4시에 일어나서 열심히 공부를 하기 시작했다. 공
자(孔子)는 **"십유오(十有五)에 지우학(志于學)"**[9]이라고 말씀하셨는
데, 내가 왜 이렇게 어린 나이에 공부하겠다는 마음이 생겼는지, 나
자신조차도 잘 모르겠다.

그래서 그 후 나의 학업성적은 수직으로 상승하여, 반에서 1등
혹은 2등을 하였다. 1960년도에 경북중학교에 입학한 필자의 성적은
더욱 상승하여, 전교에서 1등 혹은 2등을 하였다. 1963년에 경북고
등학교에 입학한 필자의 성적은 전교에서 1등을 하게 되었다. 이 시

---

9) 논어 제2 위정(爲政)편에 있는, "子曰, 吾十有五而志于學"(공자께서 말씀하셨다. "나
  는 열다섯 살에 배움에 뜻을 두었다)"라는 말에서 인용했다.

절 본인은 길을 걸어가면서도 조그만 쪽지에 적힌 주요 수업 내용을 암기하면서 다녔다. 그리고 학교에 도착하자마자 공부를 시작하여 쉬는 시간 없이 점심 식사 시간까지 계속 앉아서 공부를 계속하였다. 또 점심 식사 후에는 화장실을 다녀와서 하교 때까지 계속 앉아서 공부했다. 주변 장난꾸러기 친구들은 "김승진의 **오줌통이 터진다.**"라고 놀려대곤 했다.

필자가 이 당시 이렇게 공부를 열심히 한 것은 나의 목표를 달성하려는 성취의식(sense of achievement)의 결과라고 생각한다. 그러나 더 중요한 것은 이렇게 공부할 수 있도록 하나님께서 필자한테 주신 건강과 또 필자에게 베푸신 끊임없는 은혜의 덕분이라고 확신한다.

그때 필자는 대구 집 근처에 있는 대한예수교 장로교 통합교단 소속이며 정순모 목사가 담임목사로 계신 **동문교회**(후에 동로교회로 이름이 바뀜)에 출석하였다. 그 당시 장로님 중에 한 분이 후에 계명대학교를 창설하고 초대 총장이 된 신태식 장로이다.

본인이 고등학교 2학년이던 1964년 여름에 과도한 음주와 흡연으로 위암에 걸려 오랫동안 고생하시던 아버님이 돌아가셨다. 이후 나는 나에 관한 모든 것은 혼자서 해결해야 한다는 절박한 상황에 직면하게 되었다. 1966년 서울대 상과대학 경제학과에 입학한 후, 등록금은 장학금으로 충당되나, 나머지 의식주는 본인이 직접 해결해야만 하였다. 그때부터 시작한 가정교사는 본인이 대학원을 졸업할 때까지 숙명적으로 해야만 했고, 남는 돈의 일부는 대구에서 고생하시는 어머님에게 보내드려야만 했다.

　서울상대에 입학하자마자 상학과 동기인 김홍구 형의 소개로 보성고등학교 3학년 학생의 가정교사를 하게 되었다. 그런데 이 학생은 나의 강한 경상도 accent 발음을 전혀 이해할 수 없다고 하여, 얼마 후 해고되고 말았다. 그때 받은 충격이 너무 크고, 그리고 내 자신의 생존을 위해, 나의 발음을 서울 표준말로 완전히 바꾸기 시작하였다.

제 3 장

선생님과 필자의 만남
이후의 인생행로
(1967~2022)

제3장 선생님과 필자의 만남 이후의 인생행로 (1967-2022)

3.1 필자의 서울대 상과대학 재학기간(1966-1970)

1966년 3월에 서울대 상과대학 경제학과에 입학한 50명의 천재급의 우수한 학생들은 1학년과 2학년 1학기를 다녔으나, 별다른 충격 없이 꿈 많은 대학 생활을 보내고 있었다. 그러나 항상 새로운 선진 경제학을 배우고 싶은 갈구를 충족시키는 구세주와 같은 교수님이 드디어 나타났으니, 그가 바로 1967년 2학기에 혜성과 같이 서울상대에 부임하신 조순 교수님이셨다.

선생님께서는 California대(Berkeley)에서 대학원 과정을 이수하시고, 1967년에는 동 대학교에서 경제학박사를 수여받은 직후, 바로 같은 해 9월에 서울상대 경제학과로 부임하셨다. 선생님께서는 1967년 2학기에는 서울상대의 조교수로 오셨지만, 1968년에는 경제학과 부교수로 발령을 받았으며, 곧 1969년에 정교수로 승진하셨다. 그리고 1988년까지 그의 인생의 대부분을 서울대 경제학과 정교수로 근무하셨으며, 2002년부터 돌아가시기 전까지 서울대 경제학부 명예교수로 봉직하셨다.

선진 구미 경제학과 한학 및 영문학 등에 능통하신 선생님은 수업 시간을 전부 채우시고, 입에 거품을 내뿜는 열강을 하시면서, 최첨단의 구미의 경제학을 우리들에게 전수하셨다. 필자를 비롯한 경제학과 66학번 동기 모두는 크고 엄청난 영향을 받아 졸업 후 과반수 정도가 미국에 유학을 갔으며, 또 과반수 정도가 대학교수로 근무하게 되었다. 이 모든 것이 선생님께서 우리를 그렇게 인도하시고 만드셨다고 확신한다.

참고로, 서울상대 경제학과 66학번 입학생의 입학성적은 서울대 전체에서 가장 높았는데, 그 50명의 면모를 소개하면 다음과 같다(가나다 순).

강명규(청주고 졸업, 서울대 행정대학원 행정학석사, 재무부 공
　　무원 역임, 작고)

강호진(김천고 졸업, 미국 Ohio주립대 경제학박사, 고려대 교수
　　역임)

고성규(경기고 졸업, 국제상사 중역 역임)

고용화(용산고 졸업, 한국은행 부장 역임)

공성대(부산고 졸업, 관세청 근무, 금강관세사 대표)

구본영(서울고 졸업, 미국 George Washington대 경제학박사,
　　과학기술처 장관 역임, 작고)

권태진(서울고 졸업, 호주에서 근무, 작고)

김대중(경북고 졸업, 두산중공업 부회장 역임)

김동수(서울고 졸업, 바른경제동인회 회장)

김상남(강릉고 졸업, 코사스포츠 대표 역임, 작고)

김성인(서울사대부고 졸업, KAIST 산업공학박사, 고려대 교수
　역임)

김승진(경북고 졸업, 미국 Ohio주립대 경제학박사, 한국외대 대
　학원장 역임)

김영섭(부산고 졸업, 미국 Syracuse대 경제학석사, 청와대 경
　제수석 역임)

김종근(제물포고 졸업, 작고)

김중수(경기고 졸업, 미국 Pennsylvania대 경제학박사, 한국은
　행 총재, 한림대 총장 역임)

김형수(경남고 졸업, 효성 중역 역임)

민상기(경북사대부고 졸업, 미국 Michigan대 경영학박사, 서울
　대 대학원장 역임)

박기봉(경북고 졸업, 한국출판협동조합 이사장 역임. 비봉출판
　사 사장)

박종안(서울고 졸업, 미국 Carnegie Mellon대 경제학박사, 미
　국 연방준비은행 수석연구원 역임)

박중희(부산고 졸업, 중국에서 근무, 작고)

박창만(경기고 졸업, 장기신용은행 산하 개발리스 근무, 작고)

서정도(경북고 졸업, 한국은행 부장 역임)

서준호(경기고 졸업, 미국 Washington대 경제학박사, 서강대
　　학교 교수 역임)

손근홍(대전고 졸업, 삼성 중역 역임)

신동완(보성고 졸업, Fedex총대리점 대표 역임)

신원식(마산고 졸업, 무역협회 중역 역임)

유백렬(삼선고 졸업, 장기신용은행 대구본부장 역임)

유성무(상주고 졸업, 미국 Texas대 전산학 박사, Alabama대
　　전자computer공학과 교수)

윤영섭(경기고 졸업, 미국 Ohio주립대 경영학박사, 고려대 부총
　　장 역임)

윤은상(제물포고 졸업, 미국 Pennsylvania주립대 경영학박사,
　　미국 Lowell대 교수)

이경태(경기고 졸업, 미국 George Washington대 경제학박사,
　　KIEP원장 역임)

이국희(경기고 졸업, 미국 Michigan대 의과대학 졸업, 미국
　　Portland, Oregon에서 재활의 의사)

이근식(경남고 졸업, 미국 Maryland대 경제학박사, 서울시립대
　　교수 역임)

이문원(휘문고 졸업, 풍산금속 사장 역임)

이석영(경북고 졸업, 한국외대 경제학박사, 무역협회 부회장 역
　　임, 작고)

이영구(제물포고 졸업, 미국 Minnesota대 경제학박사, 서강대

교수 역임)

이영선(대광고 졸업, 미국 Maryland대 경제학박사, 한림대 총
　　장 역임)

이종걸(서울사대부고 졸업, 경희대 경제학박사, 한국외대 상경
　　대학장 역임)

이준영(동성고 졸업, 우성해운 이사 역임, 작고)

장기선(하동고 졸업, 국제 신문사 상무 역임)

장명국(경기고 졸업, 내일신문 사장)

전태웅(경복고 졸업, 한국은행 부장 역임)

정연주(경주고 졸업, 미국 Houston대 경제학박사, KBS 사장 역임)

정운찬(경기고 졸업, 미국 Princeton대 경제학박사, 서울대 총
　　장, 국무총리 역임)

정일용(경기고 졸업, 서울대 경제학박사, 한국외대 부총장 역임)

최준환(전주고 졸업, 고려대 경영학박사, 삼육대 부총장 역임)

최중인(경기고 졸업, 대우 중역 역임)

현문겸(경기고 졸업, 대우 근무)

홍순의(대전고 졸업, 대우 중역 역임)

황두현(경기고 졸업, 미국 Ohio주립대 경제학박사, 홍익대학교
　　교수 역임)

또한 경제학과가 아닌 다른 학과 소속인 서울상대 66학번 학생
들 중 선생님의 직간접적 영향으로 미국으로 유학을 한 학생들은 다

음과 같다.

> 국찬표(광주고 졸업, 미국 Ohio주립대 경영학박사, 서강대 교수
> 역임)
>
> 김규흥(경기고 졸업, 미국 Wisconsin대 경제학박사, 미국
> Bowling Green대 교수 역임)
>
> 박진원(경기고 졸업, 미국 Brooklin Law School 졸업, 법무법
> 인 세종 변호사)
>
> 장맹렬(중앙고 졸업, Pittsburgh대 경제학박사, 경남대 교수 역임)
>
> 최광(부산고 졸업, 미국 Maryland대 경제학박사, 보건사회부
> 장관 역임)
>
> 표학길(경기고 졸업, 미국 Clark대 경제학박사, 서울대 교수 역임)
>
> 한성신(경기고 졸업, 미국 Pennsylvania대 경제학박사, 연세대
> 교수 역임)

선생님께서는 서울상대에 부임하시자마자 경제학과 2학년 학생
들에게 Keynes의 일반이론(『The General Theory of Employment,
Interest and Money』)을 가르쳤는데, 중간고사와 기말고사에 더불어
Term Paper를 영어로 쓰되 반드시 Typewriter로 쳐서 제출하도록
하였다. 영어로 논문을 처음 쓰고, Typewriter를 평생 쳐본 적이 없
는 필자에게는 무척 고통스러웠지만, 최선을 다한 결과 A⁺를 받은
기억이 난다.

위의 경제학과 66학번 동기생들은 대부분 집이 서울에 있거나

지방고 출신이라도 소위 향토장학금(집에서 매달 보내오는 돈을 의미함)이 송금되기 때문에 부족하지만 최소한의 학창 생활을 즐길 수 있었다. 그러나 이 둘 모두가 없는 필자는 힘든 시련을 헤쳐나가야만 했다.

서울에 집도 절도 없는 본인은 하숙과 입주 가정교사로 전전긍긍하며, 동가식서가숙(東家食西家宿, 아침 식사는 동쪽에 있는 어떤 집에서 하며, 저녁의 잠은 서쪽에 있는 어떤 집에서 해야 할 정도로, 가난하고 일정한 거처가 없이 떠돌며 지내는 상태를 의미함)하며 살아왔다. 1학년 1학기에는 마포구 염리동에 큰형님 댁에 기거하였는데, 그 조그만 집에 형님 식구 5명이 사는데 나까지 형님께 폐를 끼칠 수 없었다. 그리하여 1학기 말에 형님 집에서 나왔다. 2학기부터는 서울상대 근처의 장위동에서 고등학교 2년 선배이지만 동급생인 김성은 형과 같은 방에서 하숙하였다.

그때 가정교사를 하는 집이 서대문구 북아현동에 있는 그 유명한 문인구 변호사 댁이었는데, 그의 두 딸인 문재선과 문재희를 가르쳤다. 그때 본인은 차비를 아끼기 위해 서울상대가 있었던 종암동에서, 지금은 사라진 경춘선(구) 철길을 따라 또 지금은 사라진 성동역(지금 미도파 백화점, 지하철 1호선 제기역 근방)까지 도보로 갔다. 그리고 거기서 그 당시 서울을 동서로 관통하는 1번 버스를 타고 서대문까지 가서 하차하였다. 그리고 거기서 북아현동까지 가파른 언덕길을 걸어서 갔다. 집으로 돌아올 때는 역순으로 오면, 버스표 2장이면 가정교사 하는 집을 갔다 올 수 있었다. 그러나 가정교사로 가르치는 시간 2시간을 포함해, 도합 6시간이 소요되었다.

특히 비 오는 밤 경춘선 철길을 걸어올 때는 울기도 하면서 나의 신세의 처량함을 통탄하였다. 그러나 이렇게 사는 것이 비록 힘들더라도 나머지 시간은 모두 공부에 투입하여 좋은 성적으로 서울상대를 졸업하리라 다짐하고 다짐을 하였다.

1학년 2학기가 다 끝나갈 무렵 필자는 서울상대에 더 가까운 종암동으로 하숙을 옮겨, 고등학교 동기동창인 이재규 군과 함께 하숙하였다. 그해 겨울 방학에 하숙방에서 자던 나는 몹시 골치가 아파 방문을 열어야겠다고 생각하였는데, 몸이 전혀 움직이지 않았다. 죽을힘을 다해 문을 연 후에 본인은 쓰러지고 말았다. 바로 연탄가스 중독이었다. 그때 만약 조금이라도 늦게 문을 열었다면 오늘의 필자는 존재하지 않았을 것이다. 이재규는 서울상대 졸업 후 나의 소개로 영진약품에 취직하여, 가장 어린 나이에 이사가 되었다. 그 후 경북대학교에서 경영학박사를 받고, 대구대학교 총장을 역임하였으나, 아깝게도 십여 년 전에 작고하였다.

2학년으로 올라가자마자 필자는 하나님의 은혜로 당시 한국산업은행에 근무하셨던 이홍렬 부장님 댁의 성북구 안암동 집에 입주하여, 중앙고등학교 1학년에 재학 중인 막내아들 이재남 군의 가정교사를 하게 되었다. 이 부장님 부부는 고학하는 필자를 친아들처럼 잘 대우해 주셨기에, 필자는 혼신의 힘을 다해 이 군을 지도한 결과 1학기에 이 군의 성적이 크게 향상되었다. 아마 그때가 나의 대학생활 중에서 가장 행복했던 시절이라고 할 수 있다. 이미 위에서 언급한 바와 같이, 이때 조순 선생님을 처음으로 만났으며, 의식주 걱정 없이 정말로 마음껏 공부한 "good old days(정말로 좋았던 지난 시절)"이었다.

이후 이재남 군은 고려대학교 인문대학 영문학과에 입학하여 잘 다녔으나, 대학 재학 중 극단적 선택으로 이 세상을 떠나고 말았다. 그 비보를 듣고 그 집을 찾아갔더니 그 모친께서 한없이 우시는 것을 보고 비통한 마음으로 돌아온 적이 있다.

돌이켜 보면, 공부만이 인생의 전부가 아닌데도 불구하고 나의 올바르지 못한 "공부만이 모든 것을 해결해 준다."는 인생관 때문에 나의 사랑하는 제자를 일찍 저세상으로 보낸 것 같아, 그 후 두고두고 후회하였다. 나는 이 이홍렬 부장 부부의 은혜를 지금도 잊지 못한다. 이 부장님은 한국산업은행을 정년퇴직하신 후 캐나다 토론토에 이민 가셔서 사시다가 몇 년 전에 부부 모두 작고하셨다. 토론토에 사실 때 찾아가면 죽은 막내아들이 생각나는지 오랫동안 내 손을 붙들고 우신 적이 많았다.

70대 중반까지 살다 보니, 공부만이 인생의 전부가 아닌 것을 발견하였다. 지금 이 책을 읽고 있는 젊은 학부모들은 자녀들에게 무조건 공부를 시킬 것이 아니라 자녀들의 특기 분야를 빨리 발견하여 그 분야에 집중하여 발전만 시킨다면, 그들은 평생 행복하게 그들의 생계를 유지하지 않을까 판단된다. 특히 미국에 살다 보니 자동차 수리공(auto mechanics), 연관공(plumber), 정원사(gardener) 들도 그 일이 자기 적성에 맞는 경우 행복하게 잘 사는 사례를 여러 번 발견했다.

가정교사가 거의 나의 천직이 되어 버린 나는 3학년이 되자마자 지인의 소개로 그 당시 재벌이었던 연합철강의 권철현 회장 집에 입주 가정교사를 하게 되었다. 그의 집은 태평로 조선일보사 본사 뒤에 있는 넓은 잔디밭과 일본식 가옥이 있는 아름다운 대저택이었다. 나는 최선을 다해 그 당시 초등학교에 다니던 셋째 아들(이름은 권호성으로 잘 기억되지 않지만, 그의 별명은 '캠보'인 것은 분명하다)을 가르치고 지도를 했다. 이 아들이 똑똑하여 가르치는 데는 크게 보람을 느꼈다. 그리고 이 학생은 성장 후 미국 Yale대를 다닌 것으로 알고 있다. 그러나 필자에게 사정이 있어 두 달 만에 그만두고, 중구 필동에 있는 중산층 가정에 입주하여 고등학교 3학년 학생을 가르쳤다.

그러던 중에 1968년 5월 말경에 하나님의 도움으로 종로구 연건동(서울대 병원 구내)에 정영사(正英舍)라는 서울대 성적 우수 학생들이 입주할 수 있는 기숙사가 생겼다. 그리하여 서울상대 3학년과 4학년 시절에는 이곳에 기거하면서 정말 편안하게 학교를 다니면서 공부할 수 있었다. 물론 생계를 유지하기 위해 가정교사를 계속하였는데, 적어도 편안한 안식처가 생긴 것은 정말로 행복하고 행복한 일이었다. 아침에 일찍이 기상하여 서울대 병원 주위를 산책하는 것이 하루 일과 중 가장 즐거운 때였다. 초창기에 이 정영사에 입주한 상대생은 국찬표, 정운찬, 표학길, 필자와 같은 3학년 학생들과 문재곤, 이계식, 좌승희, 한덕수 등과 같은 2학년 학생들이었다. 4명이 한방에 있는 이층침대 2개 위에서 취침하였는데, 필자가 입주한 306호에는 국찬표, 문재곤, 한덕수가 있었으며, 이웃 방 305호에는 정운찬, 표학길, 이계식, 좌승희 군이 입주하였다.

광주고등학교를 졸업한 국찬표 군은 공인회계사(CPA) 시험 준비로 늘 열심히 공부하였다.

경기고를 졸업한 문재곤 군은 체력이 좋아 시험 기간에는 거의 며칠씩 밤샘하였다. 필자는 저녁에는 가정교사를 해야 해서 저녁 식사를 제때 할 수 없었다. 그래서 문재곤 군은 늘 나의 저녁 식사를 받아 가지고 필자의 책상 위에 놓아두어서, 밤늦게 귀가하는 필자가 식사를 할 수 있도록 선처를 베풀어 주었다. 이 자리를 빌려 문재곤 군의 선처에 심심한 감사를 드린다.

경기고를 졸업한 천재 한덕수 군은 음악을 좋아해, FM 라디오를 이어폰으로 늘 들으면서 공부하였다. 필자가 열심히 공부하는 것이 그의 눈에는 측은하게 보였든지, 한 번은 필자보고 이어폰 한쪽을 주며 들어 보라고 하였다. 그래서 들어 보니 Johnny Horton이 부르는 'All for the Love of a Girl'이었다. 이처럼 한덕수 군은 상당히 sentimental한 면이 있었고, 전주에서 아버님께서 큰 방직공장을 경영할 때의 그의 어린 시절의 행복했던 이야기를 필자한테 자주 하면서 상당히 감상에 젖어 있곤 하였다.

한덕수 군은 영어를 잘하여 경기고등학교 재학 중 영어로 발간되는 학생신문의 기자였다고 한다. 한번은 Dhaka, Bangladesh에서 Bangkok, Thailand로 가는 비행기를 필자와 동승한 적이 있었다. 여유시간이 나니 가방에서 Times지를 꺼내 읽더니, 모르는 영어

단어가 나오니 영어사전을 보면서 노트에 그 뜻을 기재하는 것을 보았다. 영어를 잘하는 한덕수 군이 이렇게까지 노력하니, 그의 영어 실력이 최상의 수준이 될 수밖에 없지 않겠는가? 이와 같은 그의 부단한 노력과 그의 천재성이 오늘의 한덕수를 탄생시켰으리라 확신한다.

옆방의 정운찬 군은 나처럼 아버님이 일찍 돌아가셔서 가정교사를 하느라 늘 분주했지만, 타고난 천성이 곱고 친화력이 있어 폭넓은 교우관계를 유지하였다. 한 번은 대학교 2학년 여름 방학 때 정운찬 군을 만나기 위해 주소만 가지고 그의 동숭동 집을 찾아간 적이 있다. 몇 시간을 헤맨 후에 겨우 찾은 정 군의 집은 정말 달동네 한가운데에 있는 단칸방이었다. 정 군이 출타 중이어서 인자하신 노모와 누님만 만나 뵙고 돌아왔는데, 그날 나는 많은 것을 깨달았다. 정 군과 나는 똑같이 경제적으로 어려웠는데, 왜 정 군의 표정은 늘 밝고 부잣집 자녀 같은 귀티가 나는 것인지? 나는 왜 날마다 우울한 표정을 짓고 있는 것인지? 나는 정 군이 그 어린 나이에 모든 역경을 달관하고 초월한 경지에 도달하고 있지 않느냐고 판단을 하면서 친구지만 존경하는 마음이 생기게 되었다. 이러한 정 군의 인생관과 그의 끝없는 노력이 오늘의 정운찬을 만들지 않았나 확신한다.

아버님이 동경제대를 졸업하시고 홍익대학교 총장까지 하신 명문의 가정에 태어난 표학길 군은 사고방식이 우리보다 한발 앞섰고, 또 카리스마(charisma)가 있어 누구도 범접하기가 어려웠다. 그래서 우리들은 그를 늘 "표 도사"라고 불렀다.

이계식 군은 목포 출신으로 머리가 명석하여 경기고를 졸업했다. 그는 성격이 명랑할 뿐만 아니라 열심히 공부하여 5급 재경직 고시에 수석으로 합격하였다. 그리고 가장 친했던 한덕수 군을 머리가 명석하고 똑똑하다고 늘 "똘군"이라고 불렀다.

좌승희 군은 일제로부터 해방된 후, 아버님은 일본에 계시고 어머님과 함께 제주도에서 살았는데, 아버님을 만나기 위해 어머님과 함께 일본으로 밀항하다가 체포되어 '오무라(大村)' 수용소에서 고초를 당했다고 한다. 제주도로 강제 추방되어 돌아온 후, 어머님께서는 다시 일본 밀항을 시도하였는데, 좌 군은 지난번 '오무라' 수용소에서 겪은 고초가 생생하여, 포기하였다. 그러나 어머님은 2차 밀항에 성공하여 이제 좌 군은 완전 고아가 되었다고 한다. 이렇게 고아가 된 좌승희 군은 그 역경을 잘 극복하면서 열심히 공부하여 서울상대에 입학하였다고 한다. 이러한 고난 속에서 자랐지만 좌 군은 늘 성격이 밝고 명랑하였으며, 틈만 있으면 '타향살이'와 같은 유행가를 부르면서 자신의 마음속 깊은 데 있는 심정을 표출하곤 하였다.

본인이 4학년이 되었을 때, 우리 경제학과의 이영구 군도 정영사에 입사하였다. ROTC 후보생이었던 그는 정영사의 1층에 있었던 그의 방에서 열심히 공부하여 한국은행에 좋은 성적으로 입행하였다.

이들 천재들의 근황을 간략히 설명하면 다음과 같다.

국찬표 군은 외환은행을 무시험으로 합격한 후, 미국 Ohio주립대에서 경영학박사를 받고, 서강대학교 경영학과 교수를 역임하였다.

정운찬 군은 필자와 같이 1970년에 한국은행을 무시험으로 합격한 후, 부선망독자(父先亡獨子: 아버지가 일찍 돌아가신 외동아들)인 관계로 군 복무가 면제되어, 1년 후 도미유학을 하여 미국 Princeton대에서 경제학박사를 취득한 후, 서울대 총장 및 국무총리를 역임하였다.

표학길 군은 한국외환은행을 무시험 합격한 후, 해군장교 복무 후 미국 Clark대에서 경제학박사를 받고, 서울대 교수를 역임하였다.

문재곤 군은 한국외환은행을 무시험으로 합격한 후 수년간 근무하다가, 최근까지 개인 사업을 하였다.

이계식 군은 해군장교 복무 후 관세청에 근무하였으며, 미국 뉴욕주립대(State University of New York) Stony Brook에서 경제학박사 학위를 취득하였으며, KDI의 선임연구위원, 제주도 부지사, 부산발전연구원 원장을 역임하였다. 아깝게도 십여 년 전에 작고하였다.

좌승희 군은 한국은행을 무시험 합격 후, 미국 California대 Los Angeles(UCLA)에서 경제학박사를 받고, 한국경제연구원장과 경기연구원장 등을 역임하였으며, 지금은 박정희학술원 원장으로 근무하고 있다.

한덕수 군은 재경직 공무원 고시에 합격한 후, 경제기획원(EPB)과 상공부에 근무하다가 미국 Harvard대에서 경제학박사를 받고, 지금 현재 국무총리로 시무하고 있다.

이영구 군은 ROTC 장교로 근무한 후 한국은행 금융재정과에 근무하다가, 미국 Minnesota대에서 경제학박사를 취득한 후 서강대학교에서 교수를 역임하였다.

또 이 정영사에는 서울대 다른 단과대학의 우수 학생들도 많이 있었다. 그중에 입지전적인 친구 한 명을 소개하면 바로 신강근 군이다. 그는 그때 ROTC로 서울공대 전자공학과를 다녔는데, 충청도 시골 태생이었지만 경기고를 졸업하고 미국 Cornell대에서 공학박사를 받고, 지금은 Michigan대 컴퓨터공학과 석좌교수로 근무하고 있다. 그는 무선 Networking과 Network 보안에 대한 세계적인 권위자로 2006년 제16회 호암 공학상 수상자가 되었다.

이 정영사는 박정희 대통령 이름 속에 있는 '정' 자와 육영수 여사 이름 속에 있는 '영' 자를 따서 정영사라고 불리어졌다. 특히 육영수 여사의 정영사에 대한 관심과 사랑이 지대하여, 기말시험 전 주간에는 사생들의 건강을 위해 맛있는 닭고기를 보내 주셨다. 옷 세탁을 직접 해야 하는 사생들의 고충을 덜어주기 위해 세탁기를 하사하였으며, 사생들의 휴식을 위해 Audio System도 보내주셨다. 그리고 일 년에 한 번씩 전 사생들을 청와대로 초대하여 맛있는 만찬을 베풀어 주셨다. 그리고 바쁘신 가운데도 정영사를 자주 방문하여 주셨으며, 이때마다 나중에 대통령이 된 박근혜 양도 동행하였다.

이 정영사를 종로5가에서 오려면, 혜화동에 있는 서울의대 정문과 서울약대를 거쳐 크게 우회해야 하는데, 대부분의 사생들이 서울미대를 가로질러 담장을 월담하는 지름길을 택하였다. 정영사 서울대 학생들이 지성인으로서 해서는 안 되는 월담을 한다는 것이 크게 문제가 되자, 나중에 담장에 조그마한 문을 만들어 주어 모두 편리하게 이용하게 되었다.

가정교사가 거의 주업이 되어 버린 나는 평생 친구인 석민수 군부모의 도움을 많이 받았다. 석민수 군의 부친은 그 당시 서울대 학생처 학생2과장으로 근무하신 석봉상 선생이시다. 석 군은 나와 경북중학교 동기동창인데, 두뇌가 천재라서 경기고를 졸업하고 서울공대 전자공학과를 3학년까지 다니다가 미국으로 유학하여 California대 Davis에서 전자공학박사를 받았다. 이후 Rockwell International에 근무하다가 Syracuse대 교수를 역임하였다. 그 후 한국에 혼자 계시는 노모를 모시기 위해 미국 시민권을 포기하고 귀국하여, LG, 현대 및 삼성 반도체에서 중역 및 사장으로 근무하다가, 성균관대에서 교수를 역임하였다.

그의 모친인 이행자 여사는 나의 어려운 사정을 아시고 그 당시 경기여중 3학년에 재학 중이었던 그의 세 번째 딸인 석영인 양과 그 친구들을 모아 소위 그룹과외를 하도록 주선해 주셨다. 그래서 나의 서울상대 3학년과 4학년 시절에는 이들을 과외지도 하면서, 또 정영사에서 열심히 공부하면서 살았던, 나의 대학 시절의 제2의 황금기였다고 할 수 있다. 필자를 친 아들처럼 잘 보살펴주시고 신실한 안식교 신도이셨던 이행자 여사는 작년 여름에 구순 중반의 연세로 소천하셨다.

그러나 정영사는 여름방학과 겨울방학에는 문을 닫는데, 나같이 서울에 집도 절도 없는 학생들에게는 수난의 기간이었다. 4학년 1학기 후 여름방학 동안은 종로구 통인동에 있는 개인병원을 운영하는 집의 고등학교 3학년 학생을 가르치러 입주 가정교사를 하였다. 그런데 학생이 학교에 가는 낮 시간 동안에는 그 병원의 receptionist (손님을 맞이하는 직원)로 그 집 병원 일을 도와주기도 하였다.

4학년 2학기 겨울방학이 시작되자마자 졸업을 앞두고 정영사를 완전히 나와야만 했다. 이때 필자는 정영사에 있었는데, 서울의대 본과 2학년 재학생이었던 친구의 소개로 종로구 원서동에 있었던 다소 부유한 집에 고등학교 3학년 학생의 입주 가정교사를 하였다. 그때 본인은 한국은행 입행 연수와 서울대대학원 경제학과 입시 준비와 더불어 밤에는 이 고3 학생을 가르치는 바쁜 일정을 소화해 내야 했다. 그러다가 1970년 3월 한국은행 입행과 동시에 용산구 후암동에 있는 한국은행 독신자 숙소로 들어가 행원 생활을 시작하게 되었다.

본인은 특히 선생님의 사랑을 많이 받아, 서울상대 재학 중 선생님으로부터 특별한 지도를 받았다. 선생님께서는 필자가 고학한다는 것을 아시고 서울상대 부속 무역연구소의 영문 번역 project의 일부를 필자에게 주어 필자의 경제난 해소에 크게 도움을 주었다.

한편 선생님께서는 서울상대에 오신 지 1년 반 만에 훌륭한 경제학자로서의 명성이 널리 알려지자 국무총리실 기획조정실 평가교수 (1969~1976)로 선임되셔서, 우리나라의 경제개발 5개년계획에 적극적으로 참여하시게 되었다.

　위에서 말한 바와 같이, 본인은 대학생활을 가정교사로 시작하여 가정교사로 끝내야만 본인의 의식주를 해결할 수 있는 어려운 환경이었지만, 혼신의 힘으로 공부에만 전력을 기울인 결과, 1970년 서울상대를 전체 수석으로 졸업하는 영광을 누렸다. 이 모든 것이 선생님의 자상하고 엄하신 가르침 때문이라고 판단된다.

　그 당시 한국은행의 규정에 따라, 서울상대를 수석 졸업한 나는 한국은행을 무시험으로 입행하는 특전을 누리게 되었다. 이때 본인의 평생 친구이며 존경하는 정운찬 군도 한국은행에 무시험으로 입행하게 되었다. 그러나 필자에게는 병역의무를 먼저 수행해야만 한다는 사실이 나를 기다리고 있었다. 그 당시 월남전이 치열해져서 신병들이 월남으로 차출되는 경우가 허다했다. 우리 동기생 유성무 군도 군 입대하자마자 월남으로 차출되었지만, 1년간 무사히 복무하고 파월 개선용사로 귀국하였다.

　군 복무 문제로 고민하고 있던 필자에게 선생님께서는 육사 경제학과 교관으로 지원하기를 추천해 주셨다. 그래서 위에서 말한 육사 11기생인 이동희 대령에게 추천장을 써 주셨다. 추후 육사 경제학과 교관 시험에도 합격하여, 본인은 서울대 대학원 경제학과에서 2년 동안 수학하여 석사학위를 받는 1972년에 육군 중위로 임관하여 육사 교관이 되는 특전을 누리게 되었다. 이 모든 것이 선생님의 지도와 인도 때문이라고 확신한다.

　그 당시 선생님께서는 성북구 장위동에 살고 계셨는데, 한번은 K군, P군 등의 제자들이 선생님 댁에 초대되어 밤늦게까지 선생님과 환담과 음주를 하면서 즐거운 시간을 가졌다. 그런데 그 당시는 통행 금지 시대라, 제자들이 선생님 댁에서 자기로 하였다. 그런데 제자 중 어느 한 명이 취침 중에 이불에 무단방뇨를 하여 사모님을 수고스 럽게 한 적이 있었다. 이와 같이 선생님은 제자들을 너무 사랑하셔서 그들을 마치 친아들처럼 아껴 주셨다. 이것이 그의 제자들이 그를 친 아버지처럼 대하는 이유이다.

이 시절 본인은 제대로 먹지 못해 체중이 50kg 안팎이었고, 태풍 이 불면 날아갈 정도였다. 그리하여 감기나 설사병이라도 걸리면, 상 과대학 건물의 2층 교실로 올라가기 위해서는 계단 난간을 잡고 겨우 올라가곤 하였다. 이 육체적으로 피곤하고 힘든 대학 생활에 영혼의 위로와 안식을 얻기 위해, 동기생인 이국희 군의 인도로 최준환 군과 함께 SDA(Seventh Day Adventist Church, 제칠안식일 예수재림교회) 종로교회(김진영 목사 담임)에 다녔다. 특히 이 교회는 나를 친아들처 럼 잘 보호해 주신 평생 친구 석민수 군의 어머님께서 다니고 계셔서, 토요일 아침마다 그 어머님을 만나 뵐 수가 있어 대단히 즐거웠다.

3.2 필자의 서울대 대학원 재학과 한국은행 근무
(1970-1972)

1970년 3월부터 1972년 2월까지는 본인에게 매우 힘들고 힘든 기간이었다. 한국은행에서도 가장 바쁜 조사1부 금융재정과에 근무하면서, 서울대 대학원 경제학과 주간 과정을 다녀야만 하는 실로 1인 2역을 수행해야만 했다. 그 당시 금융재정과의 오지택 과장과 담당 신현준 조사역에게 낮에 잠깐 수업을 받고 오면 밤이 새도록 일하겠다고 약속하면서, 겨우 주간 대학원에 다닐 수 있도록 승낙을 받아내었다.

주간에 대학원 수업이 진행되는 날에는 성북구 종암동 소재의 서울상대 건물까지 택시를 타고 다녀와서, 밤 12시 통금 30분 전에 퇴근하여 후암동에 있는 한국은행 미혼자 숙소로 달려가는, 토요일과 일요일도 없는 피곤한 생활이 시작되었다. 이 당시 필자가 모셨던 분들은 위에서 언급한 두 분 말고도 김재윤 과장, 김희영 과장, 강위석, 구달회, 김한응, 박 승, 이창규, 최연종 조사역 등이다. 필자와 같이 근무한 행원은 양만기, 윤용한, 이명철 등이다. 이분들 외에 강신경 조사역과 편원득 대리가 필자를 많이 도와주었고, 김영대와 박재준 행원이 필자를 물심양면으로 지원해 주었다. 이들의 이해와 도움이 없었다면 본인이 한국은행 금융재정과에 근무하면서 동시에 서울대 대학원 경제학과를 다닐 수 없었을 것이고, 따라서 오늘의 필자는 존재할 수 없었을 것이기에, 이 자리를 빌려 이분들에게 심심한 감사를 드린다.

나에게 지대한 도움을 주셨던 이분들의 이후의 인생행로를 간략히 소개하면 다음과 같다.

오지택 과장은 이후 한국은행 부장을 역임하셨다가 작고하셨고,

신현준 조사역도 한국은행 부장으로 역임하셨다가 작고하셨다. 김재윤 과장은 한국은행 부총재를 역임하셨으며, 김희영 과장은 ADB 근무 후 Hyatt호텔 사장을 역임하셨다가 작고하셨다. 강신경 조사역은 한국은행 부총재보를, 강위석 조사역은 중앙일보 논설위원을 역임하셨다. 구달회 조사역은 ADB를 퇴직한 후 지금 현재 뉴욕에 거주하고 있으며, 김한응 조사역은 한국은행 부장을 역임하셨다.

박 승 조사역은 SUNY(뉴욕주립대) Albany에서 경제학박사를 취득한 후, 중앙대 교수, 건설부 장관과 한국은행 총재를 역임하셨다. 이창규 조사역은 Yale대에서 경제학석사를 받고 한국은행 감사를 역임하셨고, 학구파인 최연종 조사역은 미국 Williams대에서 경제학 석사를 받고 한국은행 부총재를 역임하셨다. 편원득 대리는 한국은행 부총재보를 역임하셨다.

김영대 행원은 한국은행 부총재보와 금융결제원장을 역임하였으며, 박재준 행원은 한국은행 부총재보와 서울외국환중개(주)의 사장을 역임하였다. 양만기 행원은 재무부 근무 후 수출입은행 행장을 역임하였으며, 윤용한 행원은 한국은행 부장을 역임하였으나 수년전 작고하였다. 마지막으로 이명철 행원은 한국은행 부총재보를 역임하였으나 십여 년 전에 작고하셨다.

금융재정과에서 본인은 처음 1년 동안은 통화관리계에 소속되어 중앙은행의 본원통화(Reserve Base)를 매일 계산하여 발표하였으며, 이 본원통화가 시중은행의 복수예금창조(multiple deposit creation)

과정을 통해 통화량이 몇 배의 크기로 확대 공급되는지를 면밀히 분석하였다. 또한 일반금융계로 전속되어, 일반 시중은행의 행태도 면밀하게 분석하였다.

2차 년도에는 계량경제분석계로 전속되어 이영휘 조사역이 처음 개발한 연간 한국경제계량모델과 엄승용 조사역이 시도한 분기별 모델을 더욱 발전시키는 일에 매진하였다. 그 당시 대한민국에는 생산성본부(KPC)와 KAIST에 집채만 한 computer 두 대 밖에 없었는데, 모든 자료와 명령어를 Fortlan coding sheet에 기입해 가지고 이들 기관들에 가면 computer programmer가 직접 card punching 하고 computer를 돌리는, 지금 보면 매우 원시적인 방법으로 계량분석작업을 하였다. 그러나 본인은 한국경제계량모델을 처음 시도한다는 자부심으로 주말도 없이 밤늦게까지 열심히 일했다. 그리고 이 모든 것을 취합하여 274페이지에 달하는 『한국경제계량모델』이라는 대한민국 최초의 책을 1971년에 한국은행의 이름으로 발간하였다.

이영휘 조사역은 이후 미국 Johns Hopkins대에서 경제학박사를 받고 세계은행에서 근무하였고, 엄승용 조사역은 캐나다 Alberta대에서 경제학박사를 받은 것으로 알고 있다.

이런 바쁜 생활 가운데 선생님을 지도교수로 모시고 **"신화폐수량설에 대한 이론적 고찰"**이란 제목 아래 석사학위 논문을 가까스로 쓰고, 서울대 경제학석사를 취득하게 된 것은 정말로 하나님의 축복으로 생각한다.

하나님의 축복은 이에 그치지 않고, 이 바쁜 시절에 금융재정과
에 같이 근무하던 필자의 평생의 반려자인 이옥민(李玉玟)을 만나게
되었다. 그리고 그 당시 같은 과에 근무했던 김경자, 장유자 님이 왜
소한 필자를 많이 도와주셨다. 장유자 님은 같은 과에 근무하던 이수
길 조사역과 결혼했는데, 외교통상부에서 근무한 장철균 대사의 친
누님이다. 필자의 서울상대 6년 선배인 이수길 조사역은 후에 한국
은행 부장을 역임하였다.

그 당시 한국은행의 급여는 나한테는 무척 큰돈이었는데, 필자
는 그 월급의 대부분을 저축하게 되었다. 선생님과 같은 훌륭한 학자
가 되고 싶은 소망으로, 그 돈으로 선생님이 사시던 장위동의 집을
매입하기도 하였다. 이에 감동하신 선생님께서는 당시 한국은행 하
영기 이사에게 이 이야기를 하여, 이것이 한국은행에 소문이 나기도
하였다.

선생님께서는 그 당시 한국은행 조사1부의 고문 교수(1969-
1976)로 계셨는데, 그때는 급여가 전산화되지 않은 호랑이 담배 피던
시절이어서, 필자가 매달 직접 선생님의 급여 봉투를 갖고 선생님의
상월곡동 집을 방문하였다. 그때마다 선생님께서는 본인의 근황을
자세히 묻고, 유익한 말씀과 충고를 해주셨다.

필자와 같이 서울대 대학원 경제학과 석사과정을 1970~1972년
기간 동안 같이 수학한 동기동창은 김도형, 박종안, 윤봉준 군 등이
다. 김도형 군은 그 당시 공군사관학교 경제학과 교관이었으며, 졸업

후 일본 히토츠바시(一橋)대에서 경제학박사를 취득한 후 KIET와 계명대학교 교수를 역임하였다. 윤봉준 군은 졸업 후 미국 Illinois대에서 경제학박사를 취득한 후 SUNY(State University of New York) Binghamton대에서 교수로 근무하고 있다.

　가정교사와의 인연을 끊을 수 없었던 나는 대학원에 다니고 한국은행에 근무할 때도 할 수밖에 없었다. 위에서 언급한 나의 평생 친구인 석민수 군의 동생인 석영인 양이 경기여고 3학년 때 대학입시를 앞두고 나한테 SOS를 보내온 것이다. 그래서 최선을 다해 지도하여 이화여대에 합격하게 되었으니, 실로 기쁜 일이 아닐 수 없다. 석영인 양은 후에 Michigan대에서 공학박사를 받은 조원석과 결혼하였고, 현재 두 딸과 손녀까지 두고 있다.

　이때 나는 종교적으로 큰 갈등을 겪게 된다. 내가 대학교 때 다녔던 제칠안식일 예수재림교는 안식일이 토요일이다. 그러나 그 당시 한국은 토요일도 오전에는 근무를 하였다. 위에서 언급한 이국희 군은 대학교 시절 토요일에 시험이 있으면 종교적인 이유로 시험을 보지 않았기에 나중에 졸업학점을 채우느라고 매우 고생이 많았다. 그 당시 나는 한국은행으로부터 겨우 허가를 얻어 대학원을 동시에 다녀야 하는 처절한 위치에 있었기에, 토요일 오전에 교회를 가겠다는 말이 도저히 나오지 않았다. 그리하여 나는 안식교를 떠날 수밖에 없었고, 다시 어릴 때 다녔던 장로교로 돌아왔다.

　안식교는 유태교처럼 토요일을 안식일로 지키는 것 외에는 기독교와 다른 것이 거의 없다. 다만 그들은 구약의 율법에 따라 술 담배를 안 하는 채식주의자들이다. 그리고 여자들은 화장도 안하고 매우 검소하게 생활하는 신도들이다. 그들로부터 배교자라는 말을 듣게 된 것이 나를 매우 슬프게 하였다.

3.3 필자의 육군사관학교 경제학과 근무(1972-1975)

위에서 언급한 바와 같이, 본인은 선생님의 도움으로 군대 복무 (1972~1975)를 육사 교수부 경제학과 교관으로 근무하게 되었는데, 이렇게 된 데에는 이미 1952~1957년 기간 중 육사 교수부 영어학과 에 근무하셨던 선생님의 추천과 도움이 컸다.

1972년 5월부터 8월까지 육군 논산훈련소의 6주간 기초 군사훈 련과 광주 보병학교의 10주간 장교훈련은 무척 힘이 드는 고난의 행 군이었다. 특히 광주 보병학교의 훈련은 지극히 혹독하였다. 광주 송 정리 상무대에서 전라남도 장성의 유격훈련장까지 백여 리의 길을 기온이 30도가 넘는 한여름에 새벽부터 저녁까지 군장을 하고 행군 하는 것은 정말로 힘이 들었다. 또한 장성에서의 유격훈련은 정말로 견디기가 어려웠다. 본인은 거의 쓰러질 뻔한 것을 동료 장교 후보생 들의 도움으로 겨우 훈련을 마쳤다. 체구가 왜소하고 체중이 50kg 밖에 안 되는 나로서는 내 신장만한 AR자동소총을 드는 것은 정말 힘들고 힘이 들었다. 이때마다 대학교, 대학원 동기인 박종안 군이 많이 도와주었다.

이렇게 나의 체력으로는 감당하기 어려운 훈련이었지만 열심히 군사훈련 공부를 한 결과, 본인은 같이 훈련을 받은 특수간부후보생 (특간 이라고 약함) 중 3등으로 졸업하여, 그 당시 전투병과사령관이 었던 송호림 장군의 표창장을 받게 되어 몹시 보람이 되고 기뻤다.

이런 16주의 고된 훈련을 무사히 마치고 8월 26일 육군 중위로 임관하여 육사 경제과 교관으로 부임하였다. 그 당시 육사 교장은 최 우근 육군 중장, 교수부장은 김동근 육군 준장, 사회과학처장은 권태 일 대령, 경제학과 과장은 오관치 소령이었다. 특히 오관치 학과장은 Vanderbilt 대학교에서 경제학박사를 수여받은 육사 21기생으로서, 사범학교 졸업 후 초등학교 교사를 하다가 육사에 입학했으며, 육사 동기생 중에서 3등으로 졸업한 바 있는 우수한 장교였다. 동료 교관 으로서는 Columbia대 경제학박사인 김신행 대위, 이상도 대위, 양 해성 대위, 안영락 대위, 양명수 대위, 이수복 대위, 김부명 대위, 박 정학 대위, 박종안 중위, 이승동 중위, 이한유 중위 등이 있었다.

본인이 특히 존경하는 오관치 소령은 이후 KIET 부원장, 숭실 대 교수, POSCO경영연구원(POSRI) 원장, 경기연구원(GRI) 부속 기 관장을 역임하였다.

이상도 대위는 이후 군법무관 시험에 합격하고 육군 준장으로 승진하면서 육군 법무감을 역임하였다.

양해성 대위는 미국 Tulane대에서 경제학박사를 취득한 후 육 군 준장으로 진급하여 육사 교수부장을 역임하였다.

안영락 대위는 역시 Tulane대에서 경제학박사를 취득한 후 육사 경제학과 교관으로 평생 근무하였다.

양명수 대위는 제대 후 미국 Great Smoky Mountains 관광지에서 자영업을 하였던 것으로 알고 있고, 이수복 대위는 미국 Wayne주립대에서 경제학박사를 취득한 후 아주대에서 교수를 역임하였다.

김부명 대위와 박정학 대위는 모두 육사 27기생으로, 김부명 대위는 노태우 대통령을 측근에서 보좌하였으며, 박정학 대위는 화랑교수회 카톡에 지금도 우리나라 역사에 관한 좋은 글을 자주 실어 주어 필자는 잘 읽고 있다.

이승동 중위는 미국 Southern Methodist대에서 경제학박사를 취득한 후 Alabama대에서 교수를 역임하였으며, 이한유 중위는 미국 Duke대에서 경제학박사를 취득한 후 영남대학교 교수를 역임하였다.

여기서 선생님도 가까이 지냈던 육사 경제학과의 전임 학과장이었던 유갑수 중령에 대해서 언급하고자 한다. 유 중령은 육사 13기로서 서울상대에서 경제학학사, 미국 Hawaii대에서 경제학석사, 부산대에서 경제학박사를 받은 학구파 교관이었다. 본인을 육사 경제학과 교관으로 선발하였으며, 본인을 몹시 아끼는 선배였다. 그런데 1972년 경에 육사 경제학과 교관의 신분으로 육사 교장의 명령에 의하여 서울신문 주필로 근무하게 되었다. 그러나 1973년 4월의 어느 날 육사에 출근하니, 학교 분위기가 약간 이상하면서, 그날 새벽에 유갑수 중령이 보안사령관 강창성 소장의 명령에 의해 연행되었다는 소식을 듣게 되었다.

더 자세히 알고 보니, 유 중령이 서울신문의 주필로 파견 근무한 것은 그 당시 막강한 권력을 갖고 있었던 윤필용 수도경비사령관이 그의 세력 확장의 일환으로 이루어진 것이며, 윤필용 세력을 제거하라는 박정희 대통령의 특명에 따라 유 중령은 병영무단이탈죄로 이등병으로 강등되고, 보안사의 엄청난 고문을 받고 풀려났다[10]. 풀려난 후 그를 만나러 그의 집을 필자가 방문해 보니, 얼마나 심한 고문을 받았는지 그는 잘 걷지도 못하였다. 그는 그 후 실직자로 무척 고생을 하였다. 다행히 12 · 12의 전두환 집권 이후 모든 것이 복권되고, 국민대 교수도 되고, 한국은행 금융통화운영위원으로도 역임하였으나, 모진 고문의 후유증으로 1980년대 중반에 사망하였다.

반면 강창성 사령관은 1980년 신군부에 의해 소위 삼청교육대[11]로 가서 모진 고통을 당했으며, 2006년에 사망하였다. 1997년 9월에 선생님이 민주당 대통령 후보로 출마하실 때 필자는 민주당 정책위원회 의장을 하였기에, 그 당시 민주당 최고위원이었던 강창성 의원을 자주 만나게 되었다. 그는 가끔 그가 삼청교육대에서 훈련 받을 당시의 사진을 나에게 보여 주면서, 그때 그의 체중은 40kg 안팎이었다고 자주 말을 하곤 하였다.

---

10) 이때 수도경비사령관이었던 윤필용 소장과 그의 참모장이었던 손영길은 예편되었다. 이들과 몹시 가까웠던 전두환도 같이 예편될 뻔했는데, 박종규와 차지철의 도움으로 구사일생으로 살아났다.

11) 12.12. 군사반란 사건으로 권력을 잡은 전두환은 1973년의 윤필용 사건을 수사한 강창성에 대한 보복으로 그를 삼청교육대로 보냈다.

여기서 본인이 언급하고 싶은 것은, 우리 인생을 사는 동안 절대로 이런 무자비한 정치 권력 투쟁 과정에 휩쓸리지 말아야 한다는 점과 항상 권력과는 먼 자기 자신의 인생을 살아야 한다는 사실이다. 그렇지 않으면 불의하게 패가망신 당한 사례는 동서고금을 막론하고 수없이 많다는 것을 독자들도 잘 알고 있으리라 생각한다.

육사 경제학과 교관들을 미국 육사인 Westpoint의 관례대로, IB(Instructor's Briefing)를 통해 수업 준비를 같이 한 후, 그 공통된 강의안을 가지고 생도들에게 강의하였다. 이때 필자는 경제원론, 미시경제학, 거시경제학, 국제경제학, 국방경제학 등을 강의하였다. 이와 더불어 본인의 미국유학 준비와 선생님의 경제학원론 교과서 집필을 도와주게 되었다.

필자는 육군사관학교 재직 초반기에 육사 교정에 있는 BOQ (Bachelor Officer Quarters: 미혼장교숙소)에 기거하였는데, 그 열악한 사정을 잘 아시는 선생님께서 나를 선생님 댁에 기거하게 하셨다. 그래서 1973년 3월에, 필자가 결혼하기 전까지, 선생님 댁에 6개월 동안 기식하면서 선생님의 특별지도를 받게 되는 영광을 누리게 되었다. 선생님께서는 새벽 4시만 되면 기상하셔서 공부를 하셨으며, 촌음을 아끼기 위해 화장실에 가실 때도 책을 소지하면서 독서를 하셨다. 식사 때마다 밥상머리 앞에서 경제학을 비롯한 한학 및 영문학을 총괄하는, 선생님의 인생관과 세계관을 배울 수 있는 특혜를 누리게 되었다.

"여자는 자기를 사랑하는 남자를 위해 화장을 하며, 남자는 자기를 알아주는 사람을 위해 목숨을 바친다."는 말이 있다. 여러 면에서 아둔하고 천학비재(淺學菲才)하며, 경제적으로 궁핍하여 동가식서가숙(東家食西家宿)을 해야 하는 필자를, 당신의 집에 직접 기거하게 하며, 조석으로 나를 깨우쳐 존경하는 선생님의 학문과 사상체계를 배우게 하였으니, 나는 내 목숨이 있는 한 선생님의 학문을 평생 배우며 선생님을 최측근에서 모시기로 그때 크게 다짐하고 다짐을 하였다.

이렇게 선생님을 사모하는 필자를 보고, 나의 아내는 어느 날 선생님께 **"필자가 자기보다 선생님을 더 사랑한다."**고 토로한 적이 있었다. 이에 대해 선생님께서는 웃으시면서 나의 아내에게 **"필자의 사랑의 대상에 있어, 선생님과 경쟁하지 말라."**고 대답하셨다.

선생님께서는 1972년 가을 무렵에 한쪽 눈에 백내장이 발견되어 종로구 연건동에 있는 서울대 병원에서 눈 수술을 받으셨다. 아마 그동안 공부를 열심히 하시느라고 눈을 너무 혹사한 것이 그 이유가 아닌가 판단된다. 선생님께서는 수술을 받으시기 전에는 그 잘 안 보이는 눈을 가리키면서 **"Everything is blurred through it. (이 눈을 통해서 보면 모든 것이 흐리게 보인다)."**라고 말씀하시면서, 그 고통을 토로하셨다.

한편 선생님께서는 상아탑에만 안주하시지 않고 경제기획원 외자도입 심의위원(1972~1973)으로 우리나라 경제개발에 꼭 필요한 외자 유치에 크게 공헌을 하셨다. 또한 1974년에는 서울상대 부설 한국무역연구소 소장으로 취임하셔서 수출입국을 통한 우리나라의 경제성장 정책의 방향을 제시하셨다.

그 시절 선생님 댁에는 사모님 김남희 여사, 서울상대 경제학과
에 재학 중인 장남 조기송 군, 서울의대 의학과에 재학 중인 차남 조
준(趙駿) 군, 동성고등학교에 재학 중인 삼남 조건(趙建) 군과 초등학
교에 재학 중인 사남 조승주(趙承柱) 군이 살고 있었다.

1973년 3월 31일에 필자는 위에서 언급한 아내와 결혼하였다.
결혼 이후에는 선생님의 상월곡동 집에서 아주 가까운 데서 신혼살
림을 하였는데, 새벽 5시가 되면 선생님께서 친히 저희 집에 오셔서,
같이 동덕여대 뒷산 정상까지 등반하였다. 이때 선생님의 3남인 조
건과 4남이며 막내아들인 조승주가 늘 같이 동행하였다.

그때 서울 상대생이었던 장남 조기송 군은 졸업 후 LG전자 미주
본부장과 강원랜드 사장을 역임하였다. 또 그 당시 서울대 의대생이
었던 조준 군은 졸업 후 강원도 강릉에서 조 소아과 병원을 개업해
지금까지 운영해 오고 있다. 그때 동성고등학교 학생이었던 조건 군
은 고등학교 3학년 때 필자인 나로부터 영어 과외를 받았는데, 그 우
수한 두뇌로 필자의 설명을 잘 이해해서 필자를 몹시 기쁘게 하였다.
이후 조건 군은 고려대 농과대학을 졸업한 다음 1987년부터 '대연금
속'이란 비철금속 부품업체를 창업하여 한국에서 경영하였다.
1999년부터는 이 회사의 상호를 DYCO Phils, Inc. 로 변경하면서
회사를 필리핀으로 이전하였다. 이후 조건 사장은 관련 사업체를 확
장하여 크게 성공한 기업가가 되었다. 틀림없이 외가의 유전인자를

많이 전수받았음이 틀림없다고 판단된다.

그 당시 초등학교 학생이었던 조승주 군은 이후 포항공대에서 박사학위를 받은 후 지금 현재 조선대학교 의과대학 교수로 근무하고 있다. 조승주 군은 그 어린 시절에도 자연과학에 대한 호기심이 많아 상당히 어려운 질문을 필자에게 많이 하였다. 지난 2022년 6월 27일 선생님 삼우제 때 강릉 학산에 있는 삼남 조건사장의 집에서 만났는데, 오십여 년 전 "내가 적록색약이어서 이공계 대학을 못 가고 서울상대를 오게 되었다."는 필자의 말을 생생하게 기억하면서 나에게 다시 말해 주었다. 틀림없이 선생님을 많이 닮아 우수한 기억력을 갖고 있다고 생각된다.

선생님께는 늘 자랑하는 누님 한 분과 누이동생 한 분이 계셨는데, 선생님 댁을 자주 방문하였다. 그 누님의 차남이 박우규 박사이고, 박 박사의 아버님(즉, 선생님의 자형)은 그 당시 제일은행 모 지점의 지점장으로 근무하셨다. 그때 이 박 지점장님과 선생님을 모시고 도봉산 등반을 한 적이 있었는데, 그 인자하신 박 지점장님의 얼굴 모습이 아직도 내 기억에 생생히 남아 있다. 박우규 박사는 서울공대를 졸업하고 미국 Carnegie Mellon 대학에서 경제학박사를 취득한 후, SK 경제경영연구소 소장을 역임하였다. 또 그 누님의 다른 아들이 현재 금융연구원의 원장으로 근무하고 있는 박종규 박사이다. 박종규 박사는 서울대 경제학과를 졸업한 후 North Carolina대(Chapel Hill)에서 통계학 석사와 Princeton대에서 경제학 박사를 취득하였다.

선생님의 누이동생의 차남은 바로 숙명여대의 신혁승 교수이다. 그는 서울대 경제학과를 졸업한 후 Harvard대에서 경제학박사 학위를 취득하였다. 신 교수의 부친(즉, 선생님의 매제)은 그 당시 한국산업은행에 근무하였다.

그리고 그 당시 선생님 댁에는 매우 유머러스(humorous)한 선생님의 고종사촌 누님[12] 한 분이 자주 방문하셨다. 필자가 군복을 입고 선생님 댁으로 귀가하면 "무서운 군인이 오셨다."고 놀리곤 하였다. 그리고 선생님이 **"선생님의 양양집 가문의 수많은 인재들 중에서 가장 훌륭하고 또 가장 성공하셨다."**고 말씀을 하셨다. 이 고종사촌 누님의 아들이 바로 이우연 군이다. 이우연 군은 선생님의 영향을 많이 받아 서울고등학교를 졸업한 후 서울상대를 다녔다. 필자가 1981년에 미국에서 공부를 마치고 귀국해서 선생님께 이 고총사촌 누님의 안부를 물어보니, 이미 작고하셨다고 말씀을 하셔서 필자는 대단히 슬퍼하였다. 1990년대 말경에 필자는 서울상대 동기생인 성기학 영원무역 회장의 Bangladesh KEPZ(Korea Export Processing Zone) 사업 기공식에 참석하기 위해 Chittagong, Bangladesh를 방문한 적이 있었다. 그때 이 이역만리(異域萬里) 땅에서 대우 Bangladesh 지사에서 근무하고 있던 이우연 군을 우연히 만나서 그의 모친 이야기를 하면서, 지난날의 즐거웠던 시절을 서로 회상했던 것이 지금도 생생히 기억된다.

---

12) 이 선생님의 고종사촌 누님은 본래 경기도 남양주시에 사셨는데, 그 당시에는 아들인 이우연 군과 함께 선생님 댁 근방에 사셨다.

이때 선생님 댁에는 강호진, 구본영, 김동수, 김상남, 김영섭, 김중수, 박기봉, 박종안, 박진원, 정연주, 정운찬 등의 동기생들과 추준석, 한덕수 등 후배들이 자주 방문해 선생님과 즐거운 환담을 나누었다. 사모님께서는 이들에게 늘 맛있는 식사를 대접하느라고 매우 수고가 많으셨다.

선생님께서는 그 당시에 흡연을 많이 하셨는데, 필자가 미국 유학 후 귀국하니, 선생님께서는 완전히 금연하셨다. 선생님의 의지가 얼마나 강하셨는가를 잘 보여 주는 사례이다.

한편 선생님께서는 전공이신 화폐금융론의 새로운 선진 구미제국의 참신한 이론을 가지고, 재무부 금융제도 심의위원(1975–1976)으로 위촉되셔서 우리나라의 낡은 금융제도를 쇄신하시는 데 크게 공헌을 하셨다.

필자는 1975년 8월 26일에 전역이 예정됨에 따라, 1974년 중반부터 도미유학 준비를 시작하였다. TOEFL과 GRE시험을 보고 또 Fulbright Scholarship을 획득하기 위한 지원도 하였다. Fulbright Scholarship을 받기 위해서는 수많은 구비서류와 더불어 영어로 심사위원들 앞에서 interview를 해야 하는데, 몹시 긴장은 되었지만, 다행히도 합격하였다. 육사 교관 퇴임(제대)이 1975년 8월 26일이니, 미국 semester system[13])을 택하고 있는 대학은 가을 학기가 8월

---

13) Semester System이란 일 년간 수업을 15주의 Fall Semester(가을 학기)와 15주의 Spring Semester(봄 학기)로 나누어서 운영하는 제도이다. 각 학기가 끝나면 1주간의 기말시험 기간이 있으며, 가을 학기 이후에는 짧은 겨울 방학이 있고, 봄

중하순 경에 시작하기 때문에, 지원이 약간 곤란하였다. 그리하여 9월 중순 경에 가을 분기가 시작되는 quarter system[14])을 채택하는 대학을 지원하기로 하였는데, 선생님께서 졸업하신 California대 (Berkeley)와 Ohio주립대와 Oregon대 등이 선택의 대상이 되었다. 그런데 Ohio주립대는 학교 일을 전혀 아니하는 Fellowship을 2년간 준다는 좋은 조건 때문에, 결국 Ohio주립대를 나의 경제학박사를 받기 위한 대학으로 선택하였다.

　이렇게 결정한 또 다른 이유는, 필자의 경제학과 다른 동기생들은 이미 1971년부터 도미 유학하여 그 당시 이미 박사과정 후반기에 있었다. 그런데 본인은 군 복무를 위해 대학원 과정 2년과 육사 교관 복무 3년, 도합 5년을 투여하였기 때문에 동기생보다 4년 늦게 유학을 가는 셈이었다. 그러므로 상대적으로 박사학위를 받기 쉽다고 판단된 Midwest(미국의 중서부 지역) 지역 대학에서 4년 내에 빨리 학위를 받고 귀국해서 차후에 있을 모교의 교수 지원에 우위를 점해야 한다는 생각이었다. 그러나 이러한 본인의 생각은 완전한 오류이었음을 차후에 설명하기로 한다.

학기 이후에는 Summer Semester(여름 학기) 혹은 긴 여름 방학이 있다.

14) Quarter System이란 일 년간 수업을 10주의 Fall Quarter(가을 분기), 10주의 Winter Quarter(겨울 분기), 10주의 Spring Quarter(봄 분기)와 10주의 Summer Quarter(여름 분기)로 나누어서 운영하는 제도이다. 각 분기가 끝나면 1주간의 기말시험 기간이 있으며, 또 분기 사이에는 1주일 정도의 방학이 있는데, 여름 분기 이후의 방학은 5주 정도이다.

3.4 선생님의 『경제학원론』 교과서(1973-1974)

이와 같은 선생님의 하해와 같은 은혜에 대해 조금이라도 보답하기 위해서, 1973년부터 선생님의 불후의 명저 『경제학원론』 교과서 집필에 직접 참여하였다. 선생님께서는 미시경제학 부문에서 네 개의 장(chapters)과 화폐금융론 부문에서 두 개의 장을 필자가 직접 집필하라고 말씀하셨다. 다행스럽게도 선생님께서는 나의 혼신의 노력과 집중으로 완성된 원고에 크게 만족하시면서, 선생님의 『경제학원론』을 당신께서 집필할 용기가 생겼다고 필자에게 말씀하셨다. 그리고 필자가 정성스럽게 쓴 원고를 보시면서 "**공든 탑이 무너지랴.**"라고 말씀하시면서, 필자의 초고는 수정할 곳이 없다면서 필자의 노력을 크게 치하하신 것이 50년이 지난 지금도 필자의 귀에 생생히 남아 있다. 이와 같이 필자의 원고는 선생님의 『경제학원론』 초판의 일부가 되었다.

필자의 서울상대 동기생인 박종안 군은 거시경제학 분야에서 두 개의 장을, 서울대학교 국제경제과의 김신행 교수는 경제성장발전론 분야에서 두 개의 장을 초고로 집필하였다. 이들 장들도 선생님의 수정 보완으로 『경제학원론』의 초판이 되었다. 나머지 장들은 선생님께서 직접 집필하셨다.

박종안 군은 필자와 서울대학 학사 석사 과정 6년과 육군사관학교 경제과 교관 3년을 같이 근무하였으며, 미국 Carnegie Mellon대학에서 경제학 박사를 받고 미국 연방준비은행에 평생 근무하였으며, 지금은 미국 Washington, D.C.에 살고 있다.

김신행 교수는 서울법대 졸업 후 Columbia대학교에서 경제학 박사를 받고 육사 교수부 경제학과 교관, 서울대 경제학부 교수를 역임하셨다. 안타깝게도 수년 전에 작고하셨다.

초판의 교정 단계에서는 강호진 군, 김중수 군, 이정우 군이 도와주었는데, 선생님을 위시한 모두가 광화문 근방의 여관에서 수십일을 합숙하면서 최종 수정작업을 완료하였으며, 출판업무는 법문사가 담당하였다.

강호진 군은 이후 Ohio주립대(Columbus)에서 경제학박사를 취득한 후 고려대 경영대학 교수로 근무하였다.

김중수 군은 이후 Pennsylvania대에서 경제학박사를 취득한 후, 조세개발연구원장, 한국개발연구원장, 한국은행 총재, 한림대학교 총장 등을 역임하였다.

이정우 군은 필자의 경북고등학교 및 서울상대의 2년 후배로서, 이후 Harvard대에서 경제학박사를 취득하였으며, 경북대학교 교수, 청와대 정책실장 등을 역임하였다.

선생님께서는 『경제학원론』 초판을 출간하신 후 자택에서 초판 출판의 주역들인 김신행, 박종안 군과 필자를 초대하여 조그만 자축연을 베푸셨다. 이때 선생님께서는 크게 기뻐하시면서, 이 아둔한 필자와 춤까지 추시면서 필자의 노고를 과분하게 칭송해 주셨다. 이후 경제학과 66학년도 입학 동기들이 명동의 조그만 식당에 모여 선생님의 『경제학원론』의 초판 출간을 크게 축하하는 행사를 가졌다.

선생님께서 California대(Berkeley) 경제학과를 다니실 때, 논문지도교수는 Rolph 교수이었고, 그의 제자인 Break 교수도 같은 경제학과에서 근무하였다고 한다. 그런데 이 두 교수가 공저로 교과서를 발간하였는데, 선생님께서 Break교수에게 **"두 분 선생 중 어느 분이 교과서의 어느 부분을 집필했는지요?"** 라고 물었다고 한다. 이 선생님의 질문에 대한 Break교수의 즉답은 **"The better part I wrote(더 좋은 부분은 내가 집필했다)."** 이었다는 것이다. 이 Break 교수의 답을 그의 선생인 Rolph 교수가 듣는다고 하더라도 전혀 화를 내지 않을 것이라고 선생님께서 말씀하셨다. 이 선생님의 말씀의 요점은, 선생님께서 필자를 너무 사랑하셨기에 그의 경제학원론 교과서의 좋은 부분을 필자가 집필했다고 말씀하시는 것이다.

그러나 필자는 전혀 그렇게 생각하지 않는다. 비록 필자가 선생님의 교과서의 잘된 부분을 집필했다고 하더라도 그것은 전부 선생님의 가르침이기 때문에, 선생님의 『경제학원론』은 전부 선생님께서 홀로 집필했다고 할 수 있다.

선생님의 『경제학원론』의 초판은 금방 매진되어, 이를 수정 보완하여 2판이 출간되었는데, 이때 강광하 군이 도와주었다. 강광하 군은 이후 Texas대(Austin)에서 경제학박사를 취득한 후 서울대학교 경제학과 교수로 근무하였으나, 안타깝게도 2012년에 작고하였다.

이후 선생님의 『경제학원론』은 계속해서 수정 보완되어야 했는데, 이 작업을 필자가 미국 유학을 마치고 한국외대에서 교수로 근무한 1980년대 중반 경에 선생님께서 필자에게 부탁하셨다. 그러나 그때는 필자의 동기동창인 정운찬 군이 이미 모교인 서울대 경제학과에서 중견 교수로 근무하고 있었고, 또 선생님의 책이 더 많이 보급되기 위해서는 서울대 교수가 수정 보완 업무를 맡는 것이 더 좋다고 판단되었다. 정운찬 교수의 성품과 인격을 너무나 잘 알고 있고 또 선생님의 교과서에 대해 관심도 매우 크기 때문에, 정운찬 교수가 적격이었다고 필자는 판단하였다. 이에 정운찬 교수를 선생님께 적극적으로 추천하여 정 교수가 이 작업을 하게 되었다. 지극히 유능하고 대인관계의 폭이 넓은 정운찬 교수는 필자의 기대에 부응하면서, 선생님의 『경제학원론』을 잘 수정 보완해 주었다. 이후 이 작업은 정운찬 교수의 제자인 홍익대 전성인 교수와 서울대 김영식 교수 등이 계속 수고해 주었다.

3.5 필자의 미국 유학시절(1975–1981)

3.5.1 Ohio주립대 경제학과

필자는 1975년 9월 3일에 미국 Ohio주립대에서 박사학위 과정을 이수하기 위해 NWA(Northwest Airline)을 타고 일본 동경, 미국

Alaska의 Anchorage, Chicago를 경유하여 Ohio주의 주도(州都)인 Columbus시로 향하였다. 1974년까지만 해도 외환사정의 악화로 해외유학생들은 가족을 동반할 수 없어 6개월 후에만 초청할 수 있었다. 그러나 1975년부터는 가족 동반이 허락되었다. 그러나 1인당 소지 가능한 외화는 $200이어서, 한 살 반이 된 장녀 김선영과 필자의 부부는 $600만 가지고 출국하였다. 그래서 내가 좋아하는 코카콜라 한 병이 당시 10센트 정도였는데도 사 먹지도 않았다. 그 당시 유학생들은 너무 가난하여 한국에 계시는 부모님이 돌아가셔도, 왕복 비행기 표를 살 돈이 없어, 혼자서 기숙사 방에서 목 놓아 우는 경우가 비일비재했다.

그때 Ohio주립대 경제학과에는 필자의 대학교 동기동창인 강호진 군이 1974년에 와서 공부를 하고 있었다. 우리 가족이 Columbus 국제공항에 도착했을 때, 강호진 군과 서강대를 졸업한 장충식 군이 영접해 주었다. 특히 강호진 군의 지극한 도움으로 숙소를 얻고, 9월 중순부터 시작될 강의 수강을 준비할 수 있었다. 강호진 군은 김천고등학교를 졸업하였고, 1966년 서울상대를 수석으로 합격할 정도로 두뇌가 우수한 천재와 같은 친구다. 특히 그의 예리한 기억력은 타의 추종을 불허할 정도였다. 그는 서울상대를 좋은 성적으로 졸업하였기에 한국산업은행을 무시험으로 입행하였다가 군대 문제를 해결하고 1974년에 Ohio주립대로 유학을 왔다. 필자는 Fulbright 장학금을 받아 미국 어느 대학에도 갈 수 있었지만, Ohio주립대를 최종 선택한 이유 중의 하나는 강호진 군이 이곳에 1년 먼저 와서 공부하였다는 사실도 있다.

　Ohio주립대는 학생 수가 그 당시 6만여 명이나 되어, 대학원생들에 TA(Teaching Associate: 강의조교)나 RA(Research Associate: 연구조교) 장학금이 많이 지급되기 때문에, 장학금 없이는 공부할 수 없는 한국 유학생들이 많이 공부하고 있었다. 본인이 유학할 동안에 같이 공부했던 서울상대 졸업생은 강호진, 국찬표, 김중수(Philadelphia대에서 경제학박사를 취득한 후 Ohio주립대 산하의 인적자원(Human Resource)관련 연구소의 post-doc 으로 그 당시 근무했음), 윤영섭, 황두현, 필자 등 서울 상대 24회 동기생뿐만 아니라 이상헌, 곽태운, 김용철, 조우현, 송계충, 이규방, 박헌영, 신정식, 고완석 등과 같은 후배들도 열심히 공부하고 있었다.

　이상헌 군은 Ohio주립대에서 석사학위를 받은 후 한국은행으로 돌아가 부총재보와 금융결제원장을 역임하였다. 곽태운 군은 경제학박사를 취득한 후 서울시립대 교수를 역임하였고, 김용철 군은 경영학박사를 취득한 후 Wisconsin대(Milwaukee) 교수로 근무하고 있다. 조우현 군은 경제학박사를 취득한 후 숭실대학교 교수를 역임하였고, 송계충 군은 경영학박사를 취득한 후 충남대학교 교수를 역임하였다. 이규방 군은 경제학박사를 취득한 후 국토연구원 원장을 역임하였고, 박헌영 군은 경영학박사를 취득한 후 이화여자대학교 교수를 하였으나 10여 년 전에 작고하였다. 신정식 군은 경제학박사를 취득한 후 에너지경제연구원장을 역임하였고, 고완석 군은 경영학박사를 취득한 후 한국외대 교수를 역임하였다.

Ohio주립대 경제학과에 와 보니, 이곳의 교과과정이 1년 차에는 미시경제학, 거시경제학, 수리경제학, 통계학, 계량경제학을 이수한 후에 Qualifying Examination(박사학위 공부를 할 수 있는 자격시험)을 2개 분야(경제학이론과 통계학)에 합격해야 한다. 2년 차와 3년 차에는 자기가 전공하고 싶은 분야 3개를 이수하여, General Examination or Field Examination(전공분야 시험)에 합격하여야 한다. 또 이후 3개 분야에 대한 교수의 Oral Examination(구술시험)을 합격하여야만 박사학위 논문을 쓸 자격이 주어진다. 이 이후에는 박사학위 논문에 대한 Proposal Defense(논문의 기본 골격이 적합한지 검증하는 발표회), Progressive Defense(논문의 중간보고서 발표회)와 Final Defense(논문의 최종보고서 발표회)를 모두 통과하여야만 박사학위가 수여된다는 사실이었다.

다른 대부분의 대학은 전공분야를 두 개만 하며, 따라서 Field Examination을 2개만 보면 되지만, Ohio주립대는 3개의 Field Examination을 봐야 하니 박사학위를 받는 시간이 6개월 정도가 더 소요될 수밖에 없다. 또 당시 학과장이며 미시경제학과 국제경제학을 천재처럼 잘 가르치는 학자로 Edward John Ray교수가 있었다. Ray 교수는 1944년생으로 그 선조들은 Ireland에서 이민 온 사람으로, New York시 Queens 구(borough)의 가난한 Jackson Heights 동네에서 성장한 사람이다. 이후 Queens College에서 수학을 전공(1966년 졸업)하고, Stanford대에서 경제학 석사(1969)와 박사(1971)를 20대 중반에 받은 장래가 촉망되는 학자이었다. 그는 우수 학술지에 논문을 많이 출간하여 33세에 정교수로 승진되었으며, 32세에 경제학과 과장(1976~1992)으로 선임된 훌륭한 학자이었다.

그는 출중한 교수이었기에 한국 유학생들을 위시한 수많은 학생들이 그의 지도학생이 되었다. 필자의 동기생인 강호진 군뿐만 아니라 김유기(공군사관학교 졸업), 김재원(서강대 졸업) 등이 필자와 함께 그의 지도학생들이었다. 지도학생이 많을 뿐만 아니라 경제학과 과장을 하고, 또 자기 자신의 논문을 많이 출간하는 지극히 바쁘신 교수이었다. 그러니 지도학생들이 논문을 써 가지고 제출해도 당연히 그의 비평을 받기 위해 기다리는 시간은 길어질 수밖에 없었다.

박사학위 논문을 빨리 완성하는 가장 이상적인 방법은 지도교수의 지도하에 논문을 같이 쓰고, 지도교수와 같이 논문을 publish하는 것이다. 그런데 이 Ray교수는 학생이 자기 수준에 맞는 논문을 써 올 때까지 마냥 기다리게 하는 것이다.

필자의 지도교수였던 Ray교수는 그 후 연구 활동보다 학교 행정에 더 관심이 많아, 1992년부터 1998년까지 Ohio주립대의 주요 보직과 Ohio주립대 부총장(1998~2003)과 Oregon주립대 총장(2003~2020년)을 역임한 후, 지금은 Oregon주립대 경제학과 교수로 근무하고 있다. 그가 만일 44년간에 걸친 학교 보직을 맡지 않고 연구에만 집착했다면 아마 노벨 경제학상은 받을 수 있지 않았을까 생각된다.

그리하여 필자는 4년 만에 박사학위를 받겠다는 이전의 목표는 달성하지 못하고, 6년 3개월이 소요된 1981년 12월에 경제학박사를

받게 되었다. 이에 따라 필자의 인생 행로도 필자의 최초 계획대로
되지 않고 다른 방향으로 흘러가게 되었다. 여기서 알 수 있듯이, 우
리 인간의 계획은 언제나 빗나가기가 일수이고, 이에 따라 항상 그에
대한 긴급계획(contingency plan)을 세워야 한다는 사실이다.

미국의 대학원제도는 지극히 성과지향 제도(merit system)이다.
일정 기간 내에 목표를 달성하지 못하면 장학금과 수업료 면제
(tuition waive)가 중단되고, 곧 가족의 생계유지에 적신호가 온다.
그러니 공부를 잘하여 일정 기간 내에 설정된 목표를 성취하여야만
학교로부터 경제적 지원이 계속된다. 그러니 공부를 잘하는 것이 그
가족 전체의 생계유지를 위해 꼭 필요하다.

따라서 미국 유학 생활은 엄청난 stress가 수반된다. 필자는 한
국에 있을 때도 교회에 다녔지만, 이 시절에는 나와 나의 가족 모두
를 위하여 하나님께 크게 매달리게 되었다. 특히 서울상대 동기생인
이영선 군의 자형이 되는 장윤삼 유학생의 부부가 필자를 종교적으
로 많이 인도 지도하여 주었다. 이 장윤삼 유학생은 Ohio주립대에서
물리학박사를 받고 Washington, D.C.에 있는 NASA에 근무하다
가, 중국 연변 과학기술대에서 교수와 선교사로 이십여 년 간 근무한
적이 있는 정말로 존경할 만한 천사와 같이 훌륭한 장로교 장로이다.

나의 박사학위 논문이 교착상태에 있던 1981년 9월에 나한테 기
적 같은 일이 일어났다. 어느 날 미국 콜럼버스 한인교회(염필형, 김
대균, 이근상 목사 담임)의 새벽기도회에 나가서 내가 평소에 하던 것
처럼 새벽기도를 드리고 있는 중에, 내 앞에 눈으로 볼 수 없을 정도

의 엄청나게 밝은 발광체가 나한테 다가오고 있었다. 나는 겁이 나서 얼굴도 못 들고 양탄자 바닥에 엎드리고 있었다. 그때 우렁찬 음성이 들려오는데 "나는 너의 주 하나님이다. 네가 매일 간절히 기도를 하는데 너의 소원이 무엇인가?" 나는 겁이 나서 계속 얼굴도 못 들고 "저의 간절한 소원은 경제학 박사 취득입니다. 저에게 경제학박사를 주시면 저는 하나님의 뜻대로 하나님의 영광을 위해 살겠습니다." 라고 대답하였다. 그 후 홀연히 그 광채가 사라지고 주위는 종전처럼 조용하기만 하였다.

그런데 놀라운 것은, 그 후의 지도교수인 Ray교수의 태도였다. 지금까지 사사건건 비판만 하던 Ray교수가 직접 나의 박사학위 논문 (Determinants of Trade Patterns and Empirical Tests of Trade Theories)을 고쳐주시고 빨리 진척시켜 주셔서, 불과 두 달 만에 Final Defense를 통과하고, 필자는 1981년 12월 졸업식에 경제학박사를 수여받게 되었다.

이때 특기할 사항은, 선생님께서는 미국을 방문하실 때 일부러 시간을 내어 필자가 공부하던 Ohio주립대를 1980년에 방문하셔서, 필자의 지도교수인 Ray교수를 직접 만나시면서 필자의 공부를 격려해 주셨다. 뿐만 아니라 상경계 한국 유학생 전부와 함께 Columbus 교외 High Bank 공원으로 소풍을 가셔서 그들의 노고를 치하하고 격려해 주셨다.

이와 같이 내가 미국 유학생활을 무사히 마치게 된 것은 선생님의 도움과 하나님의 은혜였다고 확신한다.

1981년 여름에 한국개발연구원(Korea Development Institute, 이하 KDI로 약함)의 사공 일 박사께서 미국 방문 차 일부러 Columbus까지 왕림해 주셔서, 필자에게 유학 후 KDI 근무를 추천해 주셨다. 실은 그때 서울대 경제학과에서도 교수 채용이 있다는 소식을 Ohio주립대 지리학 박사과정에 있던 허우긍 선배가 친절하게 알려 주었다. 그러나 서울에 집도 없는 필자는 그 당시 이미 다섯 식구가 된 가족을 데리고 교수의 박봉으로 살아갈 엄두도 용기도 없었다. 필자가 만일 그때 미혼이었다면 분명히 지원했을 것이고, 또 선발되었으리라 생각된다. 그러나 가난이 얼마나 힘든 것인가를 잘 알고 실제로 겪어 본 필자로서는 아쉽게도 포기할 수밖에 없었다.

그리하여 기꺼이 사공 일 박사의 제의를 받아들여 KDI에 지원하여, Ohio주립대 졸업 직후 KDI에 근무하기로 계약을 맺었다. 사공 일 박사님은 필자의 중고등 및 대학교의 8년 선배로서, 일찍이 UCLA(University of California, Los Angeles)에서 경제학박사를 취득하시고, KDI 부원장, KIET 원장, 청와대 경제수석, 재무부 장관, 세계경제연구원(Institute for Global Economics, 이하 IGE로 약함) 이사장 등을 역임하고, 현재 IGE 명예 이사장으로 일하고 있다.

유학 당시 필자는 콜럼버스 한인교회에 다녔는데, 토요일 오후에 개설되는 한글학교의 교장으로 한인 2세들에게 한글을 가르쳤다. 아마 필자의 인생은 가르침에서 시작하여 가르침으로 끝나도록 하나님께서 필자에게 소명으로 주신 것 같았다.

3.5.2 선생님의 한국국제경제학회(KIEA) 초대회장 역임 (1978-1979)

또 선생님께서는 1978년에 한국국제경제학회(Korea International Economic Association, 이하 KIEA로 약함)를 창립하셔서 1979년까지 초대회장으로 재임하셨다. 한국국제경제학회는 주로 외국에서 공부한 학자들이 주축이 된 새로운 경제학회로서, 기존의 정체된 한국경제학회에 큰 자극을 주었다. 한국국제경제학회는 특히 회원들의 친목을 위해 하기 정책세미나는 1학기가 끝나는 6월에 지방 도시를 순회하면서 개최하였고, 정기 총회 및 동계학술대회는 2학기가 끝나는 12월에 개최하였다. 그리고 2000년대 중반부터는 일본국제경제학회(Japan Society of International Economics, JSIE로 약함)와의 교류프로그램의 일환으로 JSIE가 개최하는 세미나에 KIEA 한국 경제학자들이 매년 참가하여 논문을 발표하고 있으며, KIEA 동계학술대회에서는 JSIE 일본 경제학자들의 논문도 발표되고 있다.

KIEA는 영문 학술지와 국문 학술지를 다음과 같이 발간하고 있다. 'International Economic Journal'이라는 영문학술지는 한국연구재단의 등재후보지로 등록되어 연4회 발간되며, SCOPUS 등재지를 유지하고 있다. '국제경제연구'란 국문학술지는 한국연구재단에 등재지로 연 3회 발간된다.

필자는 2008년에 31대 KIEA 회장으로 선출되었다. KIEA 회장은 KIEA의 일년간 운영경비 전부를 모금해야만 하는 중대한 책무를 갖고 있다. 그런데 당시 SK 사외이사로 계셨던 선생님의 도움으로 상당한 금액의 자금을 모금하게 되었다. 이와 같이 필자를 늘 도와주시는 선생님의 은혜에 대해 진심으로 감사드린다.

이 KIEA의 역대회장을 순서대로 열거하면 다음과 같다.
(존칭 생략)

조순, 정도영, 박우희, 김정세, 엄영석, 한승수, 김광석, 김적교, 박승, 김완순, 김세원, 박진근, 이학용, 정병수, 김덕중, 홍원탁, 안충영, 정창영, 김신행, 남종현, 김수용, 이재웅, 유장희, 이천표, 이영선, 강호진, 김광두, 안석교, 손병해, 김승진, 표학길, 김인철, 장의태, 김정식, 박원암, 김태준, 김태기, 유재원, 이종화, 박대근, 최병일, 이근, 송의영, 김홍기

3.6 필자의 KDI 근무(1981-1984)

3.6.1 한국 최고의 인재들의 집합소인 KDI

1981년 12월부터 본인은 KDI 연구위원으로 근무하기 시작했다. 그때는 전두환 대통령이 집권하여 '제2의 경제도약'이란 기치 하에

전임 박정희 대통령이 추진한 중화학공업화의 부작용을 극소화 하면
서, 물가안정 및 수입자유화 등을 추진한 시기이었다. 본인이 KDI에
서 근무를 시작할 때의 원장은 김만제 박사였으나, 곧바로 선생님과
California대(Berkeley) 동창생인 김기환 박사와 안승철 박사가 KDI
2대 및 3대 원장을 각각 역임하였다. 당시 본인은 산업연구팀에 배
속되어 양수길 박사, 유정호 박사, 구본영 박사, 박준경 박사들과 같
이 일을 하였다.

김만제 초대원장은 미국 Missouri대에서 경제학박사를 취득하
였고, KDI원장 퇴임 후 경제부총리를 역임하였다. 양수길 박사는 서
울공대 졸업 후 Johns Hopkins대에서 경제학박사를 획득하고 차후
KIEP원장을 역임하였다. 유정호 박사는 서울대 법대를 졸업한 후
Wisconsin대에서 경제학박사를 취득한 훌륭한 인품의 소유자이며,
KDI부원장을 역임하였다. 구본영 박사는 필자의 서울상대 동기동창
으로 George Washington대에서 경제학박사를 취득하였으며, 차후
과학기술처장관을 역임하였으나 십여 년 전에 작고하였다. 박준경
박사는 서울상대 졸업 후 Northwestern대에서 경제학박사를 취득
하였으며, 차후 KDI 부원장을 역임하였다.

또 이 시절에 필자를 도와준 훌륭한 연구원들이 있었으니, 그들
의 명단과 근황을 요약하면 다음과 같다.(가다다 순, 존칭 생략)

권해도(미국 경영학박사 취득), 길인성(Yale대에서 경제학박사 취득
후 서강대 근무), 김영희(이화여대에서 경제학석사 취득), 김재호(CPA),
김진경(한국외대에서 경영학석사 취득), 박용경(제주대 교수 근무 후 목

사로 봉직함), 서찬주 등이다.

본인은 김기환 원장의 지시로 '**합판산업 합리화 방안**'에 대한 연구 project를 수행하였으며, 그 이후에는 '**우리나라 기계공업 발전방안**'에 대한 연구를 수행하였다.

수입자유화를 추진하려는 KDI의 정책은 기존의 안일한 보호육성정책에 익숙해진 제조업계와 농수산업계와 일부 정부 부처들로부터 강력한 반대 압력을 받게 되었다. 그러나 KDI의 입장은 외국의 품질 좋고 성능이 좋은 제품들이 국내시장에서 자유롭게 수입되어야만 국내 상품도 이와 경쟁하기 위해 기술개발 및 원가절감을 통해 외국제품에 비해 가격 경쟁력을 확보할 것이고, 그래야만 우리 제품을 세계시장에 수출할 수 있다는 입장이었다.

선생님께서는 바쁘신 가운데도 KDI를 몸소 방문하셔서 김기환 원장을 만나면서 "**필자는 항상 self-propelling(누구의 도움이 없이 자력으로 모든 문제를 해결)하다.**"고 하시면서, 머지않은 장래에 KDI를 떠나 대학교로 가리라고 암묵적으로 말씀하셨다.

위에서 여러 번 언급하였듯이, 필자의 결혼 전의 체중은 제대로 먹지 못해 50kg 내외로 태풍이 불면 날아갈 정도였다. 그러나 결혼 후 제대로 섭생을 하다 보니 체중이 매년 1kg씩 증가되기 시작했다. 특히 미국 유학 6년 동안 적절한 운동 없이 음식 섭취가 과다하여 본인은 그 당시 상당히 비대해 있었다. 이를 염려한 선생님께서는 매일 새벽 4시 반부터 선생님과 함께 관악산 등반을 강요하셨다. 처음에는 한 발 짝도 등산하기가 힘이 들었지만, 선생님의 도움 덕분에,

6개월 이후부터는 필자도 선생님과 같은 속도로 등반할 수가 있게 되었다. 매일 관악산 등반을 선생님과 함께하니 체중이 줄고 몸도 가볍게 되었다. 이때 KDI 동료이고 서울상대 1년 후배인 이계식 박사도 관악산 등반에 참여하였는데, 이 박사의 말에 의하면, 관악산 약수를 먹은 결과 아들을 낳게 되었다고 늘 자랑하였다.

1982년 여름에는 내 생애 처음으로 일본산업 시찰과 연수를 정부 관리와 KDI 박사가 주축이 되어 동경, 오사카, 교토 및 나라를 방문하였는데, 일본 산업의 선진성과 정교함에 큰 충격을 받고 돌아왔다. 1983년에는 연구과제 수행을 위해 일본 굴지의 산업용 로봇 및 공작기계 제조업체인 FANUC(Fuji Automatic NUmerical Control)을 방문하여 많은 것을 배우고 돌아왔다.

KDI 재직시 박세일 박사, 유정호 박사, 이원영 박사, 장오현 박사 등과 긴밀한 교우관계를 맺게 되었는데, 이들 모두가 선생님께서 1988년에 만드신 경제사상연구회의 주축 회원이었다. 박세일 박사는 서울대 법대 졸업 후 동경대에서 수학 후, 미국 Cornell대에서 경제학박사 학위를 취득했다. KDI 근무 후 서울법대 교수, 청와대 정책기획수석과 국회의원을 역임하였다. 유감스럽게도 그는 몇 년 전에 작고하였다.

이원영 박사는 서울대 물리학과를 졸업한 후 Michigan대에서 경제학박사를 취득하였으며, KDI 근무 후 과학기술정책연구원(STEPI) 원장을 역임한 바 있다. 장오현 박사는 경남 지리산 밑에 있는 함양군 출신으로 입지전적인 학자이다. 그는 서울농대 농경제학과를 졸업하고, Wisconsin대에서 경제학박사를 취득하고, KDI 근무 후 동국대 교수를 역임한 바 있다.

나의 인생목표가 교수가 되는 것이었으므로, KDI의 바쁜 일과 중에서도 KAIST, 한국외대, 이화여대 및 삼육대 등에 출강하여 나의 경제학 지식을 계속 발전시켜 왔다.

나는 1981년 12월에 귀국한 후 KDI의 특혜로 서초구 반포동에 있는 KDI 소유의 구반포 주공아파트 69동에 살았다. 1966년 서울로 상경한 후 그때까지 집도 없이 유랑만 하던 필자는 가족과 함께 KDI 관사에 살게 된 것이 정말로 꿈만 같았다. 뿐만 아니라 KDI는 온 가족의 귀국 비행기표와 이사비용까지도 지불해 주었으니, 이 자리를 빌려 KDI와 대한민국 정부에 심심한 감사의 뜻을 표한다. 만약 이러한 도움이 없었다면 나와 나의 가족은 한국 정착에 매우 어려운 시련을 겪었으리라 판단된다.

그리고 관사 근처에 그 당시 홍정길 목사님이 담임하셨던 남서울교회가 있어 그 교회에 출석하였다. 특히 나의 평생 친구인 서울대 정운찬 교수가 장인과 장모를 위시한 그의 온 가족을 데리고 이 교회에 이미 다니고 있어서, 일요일마다 그를 교회에서 만날 수 있었다. 이 남서울 교회의 부목사이었던 박영선 목사가 1985년에 강남구 개포동에 **남포교회**를 개척하였는데, 본인은 이 남포교회로 교적을 옮겨 지금까지 다니고 있다. 특히 본인은 2010년 장로로 피택 되어 시무장로로 봉사하다가 2018년에 은퇴하였다.

본인이 KDI재직 시 발간한 연구업적 중 일부를 소개하면 다음과 같다.

    (a) *Evaluation of and Reform Proposals for Promotion Policies in the Korean Machinery Industry*, KDI, Seoul, Oct. 1983, 61pp.

    (b) "Suggestions for Expanded Trade of Machine Tool Products Among Korea, the U.S. and Japan," *Trade Policy Issues in the Pacific Basin*, KDI, Seoul, Korea, Jun. 1985, pp 281-335.

    1983년 여름에는 꿈에도 그리던 서울대학교 경제학과 교수 채용 모집이 있었는데, 선생님의 적극적인 지원이 있었음에도 불구하고 2년 후배인 L군은 합격하고 필자는 낙방하였다. 이는 그때까지 승승장구하던 필자에게 엄청난 충격이었다. 그러나 이 사건은 본인에게 커다란 교훈을 가져다주었다. 세상만사가 항상 자기 뜻대로 되지 않는다는 것과 불행한 일이 발생하더라도 그것을 잘 대처하고 극복하는 것이 더 중요하다는 사실이다.

    실망하고 있었던 나에게 선생님께서 하신 말씀이 아직도 내 귀에 생생하다. **"인생에서 중요한 것은 무엇을 하는 것(what to do)이 아니라 그것을 어떻게 할 것인가(how to do)이네."** 라는 말씀이었다. 즉 서울대에서 일하고 안 하고가 중요한 것이 아니라, 어느 대학에 가더라도 열심히 성공적으로 일을 하는 것이 더 중요하다는 말씀이었다.

    이후 나의 평생직장이 된 한국외국어대학교(Hankuk University

of Foreign Studies, 이하 한국외대 혹은 HUFS로 약함)의 교수로 가기로 결심하고, 1984년 3월에 한국외대에 부임하였다. 이때 필자의 동기생인 정일용 교수의 도움이 매우 지대하였음을 밝혀둔다.

그동안 집이 없어서 늘 고생만 해오던 나는 하나님의 은혜와 나의 끊임없는 노력으로 1982년 말경에 강남구 대치동에 신축 중인 쌍용아파트의 32평형 중형아파트를 특수분양으로 받았다. 그 당시 신축아파트를 일반 분양받기란 하늘의 별 따기처럼 어려웠는데, 특수분양이란 정부가 해외 박사학위 취득자에게만 분양권을 제공하는 정말로 특수한 특혜제도이었다. 상당한 규모의 은행 부채를 가지고 분양을 받아, 차후 이 부채상환을 위해 무척 고생은 하였지만, 내 이름으로 등기된 아파트에 1983년 말경에 입주하였을 때 정말로 감개무량하였다.

한편 선생님께서는 18세기 조선 후기의 위대한 실학자인 다산 정약용의 목민심서(牧民心書) 등에 대한 연구업적이 크게 평가되어, 제1회 다산경제학상을 1982년에 수상하셨다.

3.6.2 선생님의 난사시회(蘭社詩會) (1983-현재)

선생님께서는 중국의 고전인 사서삼경(四書五經: 논어論語, 맹자孟子, 대학大學, 중용中庸 등 사서(四書)와, 시경詩經, 서경書經, 역경易經 등 삼경(三經))을 어릴 때 통독하셨고, 한시(漢詩)를 소시 때부터 창작하셨다. 그러나 신학문을 배우고 연구하시기 위해 그동안 중단된 그의 한시에 대한 열정은 선생님으로 하여금 1983년에 난사시회를 발족하게 만들었다. 난사시회는 한문학의 대가인 성균관대의 벽사(碧史) 이우성(李佑成) 교수를 선생으로 모시고, 고병익(전 서울대 총장), 김동한(전 건설부 토목국장), 김용직(전 서울대 국문학과 교수), 김종길(金宗吉: 석하石霞, 전 고려대 영문학과 교수), 김호길(전 포항공대 총장), 유혁인(전 공보처 장관), 이용태 박사(전 삼보컴퓨터 회장), 이종훈(전 한국전력공사 사장), 이헌조(전 LG 고문) 등이 주요 회원이었고, 최근에 영남대의 이장우 교수가 나중에 회원이 되었다. 이들은 매월 시회(詩會)를 열어 수많은 한시를 창작하셨다. 선생님께서 직접 창작한 한시들은 (1) 『조순 한시집: 봉천혼효삼십년』 1, 2집(2010), 보고사 간행, (2) 『조순 한시집: 봉천혼효사십년』(2022), 비봉출판사 간행, (3) 『난사시집』 등에 수록되어 있다.

여기서 존경하는 선생님께서 아둔한 필자에 관해 2011년 1월 27일에 창작해 주신 한시 한 수를 소개하면 다음과 같다[15].
〈이하 『조순 한시집: 봉천혼효40년』, 비봉출판사 출간에서 인용〉
金勝鎭君(김승진군)
莫言人事摠歸烟(막언인사총귀연)　　　사람의 일 모두 안개 같다고
　　　　　　　　　　　　　　　　　말하지 말라!

---

15) 이장우, 주동일, 남옥주 공저, 『조순한시집: 봉천혼효40년』, 비봉출판사, 2022, p66.

誠信於君似活泉(성신어군사활천)　　그대의 성실함은 솟아나는 샘
　　　　　　　　　　　　　　　　　과 비슷하구나.
眞實一如君子質(진실일여군자질)　　진실함은 군자의 자질과 같고,
平生盡己事仁天(평생진기사인천)　　평생 몸을 다 바쳐 어진 하늘
　　　　　　　　　　　　　　　　　을 섬기는구나.
〈이상 『조순한시집: 봉천혼효40년』, 비봉출판사 출간 인용〉

필자를 엄청나게 칭찬하신 선생님의 칠언절구의 한시를 받고 필자는 몸 둘 바를 몰랐다. 필자가 평생 존경하고 사모하는 선생님께 그리고 지금은 하늘나라에 계신 선생님께 감사와 감사를 드린다.

3.7 필자의 한국외대 근무의 초반기(1984-1993)

3.7.1 필자의 평생직장이 된 HUFS

필자가 한국외대 상경대학 무역학과에 근무를 시작한 1984년 3월에 총장은 황병태 교수였고, 상경대학장은 엄영석 교수였고, 무역학과장은 나의 평생 친구인 정일용 교수였다. 황병태 총장은 서울상대 졸업 후 경제기획원의 고위직책의 관리로 근무하시다가, 미국 California대(Berkeley)에서 정치학박사를 받으셨고, 엄영석 학장은 서울상대 졸업 후 미국 UCLA대에서 경제학박사를 취득하였다. 또

이 무역학과에는 후에 한국외대 총장이 된 박필수 교수, 본인의 서울
상대 은사이신 박희범 충남대 총장의 장남인 박동율 교수와 나의 서
울상대 2년 선배인 이종윤 교수 등이 있어, 이들과 평생 직장동료의
관계를 유지하게 되었다. 이 중 박동율 교수는 미국 Oregon대에서
경제학박사를 취득했고, 이종윤 교수는 일본 히도츠바시(一橋)대에서
경제학박사를 수여받았다.

그 당시 한국외대의 재단이사장은 설립자이신 김흥배 명예박사
이셨는데, 김 이사장은 선생님의 학문과 인품을 너무 좋아하셔서 선
생님 댁으로 일부러 승용차를 보내시어 그 당시 완공된 한국외대 용
인 캠퍼스를 보시게 한 적이 있었다. 수년 후 김흥배 이사장이 작고
하였는데, 선생님께서 직접 이문동 한국외대 캠퍼스로 오셔서 조문
을 하셨다.

한국 외대로 와서 필자의 평생의 꿈인 대학교수가 되는 것은 매
우 기쁜 일이었다. 그렇지만 나의 한국 외대 교수의 소득은 KDI에
비해 5분의 1의 수준으로 감봉되었다. 특히 KDI 근무 중에 내 생애
최초로 구입했던 강남구 대치동의 쌍용아파트의 대출 원리금을 갚는
것이 큰 당면문제로 부각하게 되었다. 그리하여 일주일에 많은 시간
을 강의하는 강행군을 하다 보니, 1984년 1학기 마지막 주에 누적된
과로로 쓰러져 경희대학교 병원 응급실로 실려 가는 비극이 발생하
였다. 무의식 상태가 한 시간 정도 지속되었는데, 소식을 듣고 달려
오신 선생님과 사모님께서 나의 경직된 사지를 주무르고 계시는 것

을 내가 의식 회복 후에야 알게 되었다. 그때 눈을 뜬 필자에게 선생님께서 처음 하신 말씀은 "김 군! 목전의 이익을 보지 말고 먼 데를 바라보라."는 충고의 말씀이었다.

내가 무의식 상태에 있었던 한 시간 동안 나는 실로 나한테 매우 의미심장한 두 그림을 보게 되었다. 하나는 검은 복장을 한 사람이 나를 매우 어두운 곳으로 데려가는 것이었다 그래서 나는 하나님께 아우성을 치면서 불쌍한 처자를 위해 나를 살려달라고 애걸하였다. 두 번째 그림은 나의 육체에서 분리된 내 영혼이 공중에서 나의 죽은 육체를 내려다보는 것이었는데, 나의 아내가 나의 육체 옆에서 심히 울고 있었다. 그래서 나는 더욱 목소리를 높여 하나님께 살려 달라고 기도하였다. 나의 간절한 기도가 하나님께 상달되었기에, 나는 한 시간 후에 의식을 회복했다.

이 사건 후에 나는 1981년 9월에 하나님께 "박사 학위만 주시면 내가 하나님의 영광을 위해 살겠다."는 나의 서원기도를 생각하면서, 하나님께 크게 회개하였다. 실은 나는 군 복무를 위해 서울상대 동기생보다 4~5년 늦게 유학을 갔고, 또 늦게 박사학위를 취득했기 때문에, 이를 회복하고자 귀국 후에는 일요일에도 직장을 가기 시작하여 하나님과 점점 멀어져 가는 상황이었다. 그래서 그때부터 회개하고 다시 유학 시절처럼 교회 일에 더 헌신적으로 봉사를 하는 계기가 되었다.

또 이 사건 이후 선생님과의 새벽 관악산 등반을 매일 하면서 나의 건강회복에 노력한 결과 6개월 이후에는 전과 같은 건강을 찾게 되었다. 이때 나는 열악한 한국외대의 급여를 보전하여 아파트 구입에 소요된 은행 대출을 상환하는 수단으로, 전국경제인연합회 산하한국경제연구원(Korea Economic Research Institute, 이하 KERI로약함)에 초빙연구위원으로 1985년 1월부터 1989년 6월까지 일하게되었다. 특히 그 당시 부원장이었고 한국은행 금융재정과에 같이 근무했던 구석모 박사의 도움이 매우 많았다. 그 당시 KERI에는 전임연구위원이 없었기에 초빙연구위원들이 전임연구위원 몫의 일을 수행하여야만 했다. 김대식 중앙대 교수, 윤창호 고려대 교수, 이성순성균관대 교수, 이지순 서울대 교수와 필자 등이 초창기에 참여하였고, 나중에는 김대식 교수, 이성순 교수와 필자가 주로 참여하였다.

구석모 부원장은 미국 뉴욕대(New York University, NYU)에서, 김대식 교수는 미국 California대 Santa Barbara에서, 윤창호 교수는 미국 Stanford대에서, 이성순 교수는 미국 Claremont대에서, 이지순 교수는 미국 Chicago대에서 각각 경제학박사를 취득하였다.

그리하여 동대문구 이문동에 있는 한국외대에서 강의가 끝나면바로 여의도에 있는 KERI로 이동하여 밤늦게까지 일하는 바쁜 일과를 소화하였다. 이때도 선생님께서는 바쁘신 가운데도 KERI를 자주방문해 주셔서 나를 격려하여 주셨다. 그때 본인이 KERI의 재정지원으로 발간한 주요 연구보고서와 논문은 다음과 같다.

(a) *Trade Patterns of Korean Manufacturing Sector: Their Determinants and Trends Over Time*, (in Korean), KERI, Seoul, Korea, Sep. 1985, 201pp.

(b) "The Composition of Trade Flows for a Less Developed Economy: the Case of Korea," *Asian Economic Journal*, Vol. 2, No. 2, Osaka, Japan, Sep. 1988, pp. 139-164.

필자는 1989년에 창설된 국제무역경영연구원(International Trade & Business Institute, 이하 ITBI로 약함)의 초빙 연구위원으로도 1989년 6월부터 2005년 6월까지 일하게 되었다. 이때 본인은 나성린 한림대 교수, 안석교 한양대 교수, 홍기택 중앙대 교수 등과 같이 연구를 수행하였다. 나성린 교수는 영국 Oxford대에서 경제학박사를 받았으며, 후에 국회의원을 두 번이나 하였다. 안석교 교수는 독일 Freiburg대에서 경제학박사를 취득하였고, 홍기택 교수는 미국 Stanford에서 경제학박사를 취득하였으며, 후에는 한국산업은행의 총재를 역임하였다.

이때 본인이 ITBI의 재정지원으로 발간한 주요 연구보고서는 다음과 같다.

(a) *Trade Patterns Between Korea and Major EU Countries: Their Changes and Korea's Response*, ITBI, Seoul, Korea, Apr. 1998, 79pp.

(b) *Enhancing Economic Cooperation Between Korea and Malaysia*, ITBI, Seoul, Korea, Jan. 1999, 97pp.

한편 선생님께서는 1987~1988년 기간 동안 미국 국제경제연구소(Institute for International Economics, 이하 IIE로 약함)의 객원연구위원으로 초빙되셔서, Washington D.C.에 사모님과 함께 1년간 체재하셨다. 선생님께서 10년(1957~1967) 동안 유학하실 동안, 강릉에서 혼자서 시어머님을 봉양하고 네 아들을 양육한 사모님의 수고에 대한 선생님의 진정한 보답이라고 판단된다. 사모님께서도 1년 후 귀국하셨을 때는 필자의 눈에도 무척 건강해지시고 행복해 보였다. 이때 선생님께서 IIE의 재정지원으로 발간하신 저서가 바로 유명한 "The Dynamics of Korean Economic Development" 이다.

선생님께서는 이 책을 쓰면서 혼신의 노력을 하셨다. 잠깐 한국에 귀국하셨는데 필자한테 **"환갑인 이 나이에 이런 책을 쓰느라고 고생하는 한국인 학자는 나 말고는 분명히 없을 것이다."**라고 말씀하셨다. 또 이 책의 제목을 작명하느라고 며칠 밤을 못 주무셨다고 하셨다. 이러한 선생님의 헌신적인 노력에도 불구하고, 선생님께서 1988년 2월에 부총리로 입각하시는 바람에 이 책을 탈고하시지 못하고 귀국하셨다. 그 후 1990년까지 바쁜 부총리의 직책을 수행하시느라고 완성하지 못하시다가, 한국은행 총재를 사임한 후인 1994년에야 이 책이 발간되었다. 세상의 모든 위대한 작품은 인고의 노력과 장시간의 집중이 필요한 것처럼, 선생님의 이 불후의 저서는 이렇게 긴 산고 끝에 탄생되었다. 선생님께서 필자에게 여러 번 말씀하신 것처럼, 부총리 직을 수행하실 때는 너무 바빠 화장실을 갈 시간도 없었다고 한다. 이 모든 고난의 직책을 성공적으로 완수하신 것은 선생

님의 끝없는 투지와 집념의 소산임이 분명하다. 이 모든 고난의 과업
을 성공적으로 수행하셨기 때문에 우리들은 선생님을 더욱 존경했
고, 또 선생님께서 일평생 동안 걸어가신 그 영광의 길을 우리 모든
제자들이 따라가야만 한다고 판단된다.

위에서 말한 것처럼, 선생님은 노태우 정권의 출범과 동시에
1988년 경제부총리 겸 경제기획원 장관에 취임하셔서 1990년에 퇴
임하셨다. 이어 1992년에 한국은행 총재에 임명되셨는데, 김영삼 정
권과의 불화로 임기를 채우지 못하고, 1993년에 퇴임하셨다. 이 무
렵 선생님께서는 탈항으로 고생을 많이 하셨다. 아마 공부하시느라
고 의자에 많이 앉아 계신 것이 원인이 되었으리라 판단된다. 다행히
도 좋은 한의사를 만나 고침을 받았으며, 이 시절 선생님의 봉천동
집에서 같이 살던 3남 조건 사장이 최측근에서 잘 보좌해 주었다.

이때는 필자에게는 가장 행복했던 시절이었다고 할 수 있다.
1982년부터 시작된 선생님과의 관악산 새벽 등반이 그때에도 계속되
었기 때문이다. 선생님과 사모님께서는 새벽 4시경에 봉천동 자택에
서 나오셔서 지하철 2호선 낙성대역을 가로질러 낙성대 쪽으로 더
올라오셔서, 서울대 교수 아파트까지 걸어오셨다. 강남구 대치동(그
후에는 서초구 우면동)에 살고 있었던 필자는 승용차를 이용하여 4시
반경에 그곳에서 선생님과 사모님을 만나, 관악산 동쪽 기슭을 따라
상봉 약수터까지 등반하여, 바위틈에서 흘러나오는 석간수(石間水)
약수를 마시고 하산하였다. 이러한 관악산 등반은 필자가 용인으로
이사 갔던 2002년까지 거의 매일 선생님과 같이 하였다. 가끔 KDI

에 근무했던 이계식 박사와 미국에서 방문한 곽승영 교수가 참여하
였다. 등반이 끝난 후에는 봉천동 선생님 자택에서 간단한 아침 식사
를 하면서, 선생님의 동서고금을 관통하는 학문과 문화에 대해서 가
르쳐 주셨다.

그 당시 선생님으로부터 배운 여러 한시들 중에서 중국 남송(南
宋)의 주자(朱子)의 한시 두수를 여기서 소개하면 다음과 같다.

琴書四十年(금서사십년, 거문고 켜고 책 읽은 지 사십년에)
幾作山中客(기작산중객, 거의 산중 사람 되었네)
一日茅棟成(일일모동성, 하루는 띠풀 집 지어져)
居然我泉石(거연아천석, 나는 산수에 고요히 서 있네)
　주자전서(朱子全書), 권66, 무이정사 잡영(武夷精舍 雜永)

이 주자의 한시를 선생님께서는 다음과 같이 약간 변형시켜서
필자에게 가르쳐 주셨는데, 선생님에 의해 변형된 것이 더 나은 것
같아 여기에서 소개한다.

琴書四十年(금서사십년, 거문고 켜고 책 읽은지 사십년 동안)
何幾山中客(하기산중객, 얼마나 많이 산속으로 귀양 왔을까?)
茅棟一朝成(모동일조성, 짚풀로 지은 초막 하루아침에 완성되니)
居然我泉石(거연아천석, 거기서 초연히 사는 것이 나의 처소일 터)

여기서 옹달샘과 돌을 바로 의미하는 천석(泉石)은 처소가 아닐

까 하고 필자는 생각한다. 왜냐하면 옹달샘과 이를 둘러싼 돌들이 주위에 없으면 사람은 살 수 없기 때문이다. 혹은 주자가 그리는 피안(彼岸)의 세계 혹은 이상향(理想鄕, utopian world)이 아닐까 하고 필자는 상상해 본다.

그리고 옛날의 성현(聖賢)들은 서적을 읽다가 무료하면 거문고를 연주하였기에, 금서사십년이란 구절이 맨 처음에 나왔다고 선생님은 설명해 주셨다. 선생님께서는 이 한시를 우연한 기회에 보았다고 하시면서, 이와 같이 아름답고 의미심장한 한시는 아마 우리 조선에는 없을 것이라고 말씀하셨다.

> 小年易老學難成(소년이로학난성: 소년은 쉬이 늙고 학문은 이루기
> 어려우니)
>
> 一寸光陰不可輕(일촌광음불가경: 한 순간의 짧은 시간도 가볍게 보
> 내서는 안 된다)
>
> 未覺池塘春草夢(미각지당춘초몽: 연못가의 봄풀들은 아직도 꿈에서
> 깨어나지도 않았는데)
>
> 階前梧葉已秋聲(계전오엽이추성: 계단 옆의 오동잎은 벌써 가을을
> 알리고 있지 않은가)
>
> 주자, 주문공문집(朱文公文集) 권학문(勸學文) 중에서

이 주자의 시는 필자가 나태해질 때마다 암송하고 암송하는, 정말로 아름다운 권학(勸學)의 한시이다.

출근을 안 하시는 공휴일에는 상봉약수터와 마당바위를 넘어 관악산의 정상인 연주대(戀主臺)16)까지 등반하셨고, 몸의 상태가 아주 좋으신 경우에는 연주대를 넘어 관악산의 남쪽 끝인 경기도 과천시 제2정부종합청사까지 가셔서 택시를 타고 봉천동 집으로 오시곤 하셨다. 이런 이유 때문에 선생님은 "관악산 산신령"으로 불리게 되었다.

선생님께서 경제부총리를 하시던 1988~1990년 기간 동안 실제로 자택인 봉천동에서 관악산을 넘어 과천종합청사로 출근한 적이 많았는데, 그 당시 부총리 자문관으로 근무하던 이계식 박사는 선생님을 직접 수행하면서 관악산을 넘느라고 수고가 많았다.

그동안 우리나라의 경제학 발전에 크게 공헌하신 선생님께서는 1987년에 대한민국학술원 회원으로 선임되셔서 서거하실 때까지 활발한 학술활동을 계속하셨다. 또 한문과 고전에 능통하신 선생님께서는 1993년부터 1994년까지 도산서원 원장을 역임하셨다.

마지막으로 나의 평생직장이 된 한국외대에 대해 고마운 점을 이야기하고자 한다. 한국외대는 외국어와 외국학 발전을 위해 1954년에 설립되었다. 그래서 학교당국은 외국어(특히 영어)로 강의하는 것을 권장하였으며, 2000년대에 들어와서는 반드시 외국어로만 강의하게 하였다. 그래서 본인은 강의와 시험문제에서 모두 영어를 사

---

16) 연주대는 고려가 망하고 이씨조선이 건국되자, 옛 고려의 충신들이 관악산 연주대에 기거하면서 멀리 개성의 송악산을 바라보며 망국의 고려 왕을 연모했다고 해서 연주대라고 한다. 지금도 날씨가 좋은 가을날에는 연주대에서 개성의 송악산을 바라볼 수 있다.

용하였는데, 이는 나의 영어 실력을 향상시키는 좋은 계기가 되었다. 특히 방학 중에는 교수들로 하여금 외국에 나가 학술 세미나에 적극적으로 참여하도록 독려하고, 또 여행경비도 지원해 주었다. 본인이 구미의 상당히 많은 국가들을 방문할 수 있었던 것도 한국외대의 지원이 많았기 때문이라 판단된다. 이 자리를 빌려 나의 평생직장인 한국외대에 심심한 감사의 마음을 표한다.

3.7.2 경제사상연구회(1988~현재)

선생님께서는 1988년에 경제사상연구회를 창립하여 매주 토요일 오후에 주요 경제학자들의 경제사상을 연구함으로써 보다 적극적인 한국경제 현실에 참여하고자 하였다. 주요 핵심 창립회원으로서는 박세일 서울대 교수, 안석교 한양대 교수, 유정호 KDI 박사, 이계식 KDI 박사, 이영선 연세대 교수, 이원영 KDI 박사, 이지순 서울대 교수, 장오현 KDI 박사, 정운찬 서울대 교수, 좌승희 KDI 박사와 필자 등이었다.

1990년대에는 김민성 성균관대 교수, 김소영 서울대 교수, 문우식 서울대 교수, 박우규 KDI 박사, 박원암 홍익대 교수, 백웅기 상명대 교수, 소병희 국민대 교수, 신도철 숙명대 교수, 이영환 동국대 교수, 전성인 홍익대 교수 등이 새로운 신진회원으로 활약하였다. 김민성 교수는 Brown대에서, 김소영 교수는 Yale대에서, 문우식 교수는 Paris1대에서, 박원암 교수는 MIT대에서, 백웅기 교수는 Wisconsin대에서, 소병희 교수는 Northwestern대에서, 신도철 교수는 Chicago대에서, 이영환 교수는 Pennsylvania대에서, 전성인 교수는 MIT대에서 각각 경제학박사를 취득하였다.

그 후 2010년대에는 김도훈 KIET 박사(Paris1대, 국제경제학), 김영준 상명대 교수(California대 Davis, 경제학박사), 김은경 경기연구원 박사(Paris10대, 경제학), 노영훈 조세연구원 박사(Columbia대), 박종규 금융연구원 박사, 신관호 고대 교수(UCLA, 경제학박사), 신석하 숙명대 교수(Ohio주립대, 경제학박사), 안국신 중앙대 교수(Minnesota대, 경제학박사), 왕윤종 대통령실 경제안보비서관(Yale대, 경제학박사), 이우진 고대 교수(California대 Davis, 경제학박사), 황규호 SK 경영경제연구소 박사(Michigan대, 경제경영학), 손민중 삼성경제연구소 박사(연세대, 경영학) 등이 영입되었다.

선생님께서는 그 당시 경제학의 주류이었던 케인지안 학파(Keynesian School)의 경제학자라고 할 수 있다. 즉, 정부의 재정정책과 중앙은행의 금융정책을 적절히 조정하면(fine tuning) 그 나라의 경제는 인플레나 디플레가 없고 모든 노동자가 완전고용되는 국민소득 수준(bliss point)에 도달할 수 있다고 주장하는 경제학이다.

그러나 선생님께서는 이 케인즈 경제학의 틀을 넘어, 우리 경제학의 창시자인 아담 스미스(Adam Smith), 데이비드 리카도(David Ricardo), 존 스튜어트 밀(John Stuart Mill)로 이어지는 고전학파의 경제사상을 여러 우수한 회원들과 같이 연구하셨다. 그리고 난 후 케인즈 경제학과 정반대의 입장을 가지고 있는 루트비히 폰 미제스 (Ludwig von Mises)와 하이에크(Hayek)의 경제학도 회원들과 같이 연구하셨다. 슘페터(Schumpeter)의 경제학과 세계 2차대전 후 독일의 라인강의 기적을 성취한 오이켄(Eucken)과 뢰프케(Roepke)의 질서의 경제학(Ordnung Oekonomie)도 같이 연구하셨다. 또 이율곡(李栗谷)이 저술한 성학집요(聖學輯要)도 같이 연구하였는데, 한학에 능통하신 선생님께서 자세히 설명하여 주셨다.

그동안 선생님을 모시고 경제사상연구회에서 연구한 업적을 요약 정리하여 다음과 같은 연구보고서를 발간하였다.

(가) "아담 스미스 연구," 공저, 민음사, 1989

(나) "존 스튜어트 밀 연구," 공저, 민음사, 1992.

(다) "하이에크 연구," 공저, 민음사, 1995.

필자는 장오현 교수, 안석교 교수, 유정호 박사에 이어 제4대 경제사상연구회의 회장을 역임하였는데, 이때 홍익대의 전성인 교수가 간사를 맡아 필자를 많이 도와주었다. 여기서 전성인 교수에 대해서 한 마디 하고자 한다. 전 교수는 어려운 가정환경에서 성장하였다고 들었는데, 그의 스승인 정운찬 교수처럼 늘 밝고 명랑하였다. 우리 경제사상연구회의 회원들은 모두 천재이지만, 특히 전성인 교수는 정말로 천재 중에 천재이다. 그의 부인은 고려대 이공계열 교수이었는데, 전 교수는 부인을 정말로 잘 외조해 주었다. 머지않은 장래에 전성인 교수의 명 발표를 다시 듣기를 소원해 본다.

3.7.3 필자의 APDC 근무(1990-1993)

필자는 1990년 1월에 연구보고서 작성을 위해 동남아시아의 필리핀, 말레이시아 및 싱가포르 3국을 필자 생애 처음으로 방문하였다. 필리핀의 경제는 아키노(Aquino) 대통령의 노력에도 불구하고 매우 침체된 반면, 말레이시아 경제는 마하티르(Mahathir) 수상의 영도 아래 매우 활기에 넘쳐 있었다. 미국에서 유학을 한 필자는 ASEAN경제에 대해 더 연구하고 싶은 강한 충동을 느껴, 1990년 8월에 한국외대로부터 2년간 휴직을 받아, 말레이시아 Kuala Lumpur에 있는 Asian and Pacific Development Center(이하 APDC로 약함)라는 UN 산하 국제기구에 Co-ordinator(조정관)로 근무하게 되었다. 이때 APDC의 Director로 연세대의 윤석범 교수가 기관장으로서 수고가 많았는데, 이 미흡한 필자를 많이 도와주었다.

이때에도 선생님께서는 어김없이 APDC가 주관한 New Delhi 국제회의에 참석하셔서 인도정부의 경제에 대한 과도한 개입을 비판하셨다. 본인이 발표한 논문("The Effects of European Single Market on Korean-EC Trade Patterns," a Paper Presented to the New Delhi Conference on the Future of Asia-Pacific Economies (FAPE IV) sponsored by the APDC, New Delhi, India, Mar. 1991,

pp 1–56, Co-authored with Sung Lin La)에 대해서도 많이 지도해
주셨다. 회의 이후 모든 참석자들이 그 유명한 Taj Mahal 관광을 갔
는데, 선생님께서는 이미 이전에 보셨다고 호텔에 하루 종일 유하시
면서 공부하신 것이 매우 인상적이었다. 특히 필자한테 "학자는 항
상 고독(Einsamkeit: Solitude, Loneliness)한 가운데 사색과 공부하
는 데 익숙해야 한다."고 가르쳐 주셨다.

　이후 당장 한국으로 귀국하시지 않고 일부러 Kuala Lumpur의
필자의 집을 방문하고 격려해 주셔서 대단히 고마웠던 것이 아직도
본인의 기억에 생생하다. 뿐만 아니라 평소 가까웠던 홍순영 주말레
이시아 대사(1937–2014)를 만나, 그에게 "君子務本, 本立而道生."
(군자무본 본립이도생: 군자는 근본에 힘쓰니, 근본이 서면 도가 생긴다.)
이란 논어 학이편(學而篇)에 나오는 말의 한묵을 써 주셨다. 이 한묵
을 홍순영 대사에게 써준 선생님의 의도는 다음과 같으리라 사료된
다. 군자 같은 홍 대사가 그 본연의 일인 외교업무에 혼신의 노력으
로 열심히 일하면, 그의 본연의 사명인 대한민국의 외교업무가 똑바
로 성취될 것이고, 그리하면 세상 살아가는데 지켜야 할 바른 길(道)
이 생기며 보일 것이다.

　이 한묵을 받은 홍 대사는 선생님이 써준 이 논어의 글귀를 늘
암송하고 숙지하였으며, 그 논어의 가르침대로 무본(務本)하면서 살
았다. 후에 외교통상부 장관과 통일부장관(부총리)을 역임하였으나,
안타깝게도 그는 8년 전에 작고하였다.

　이 APDC의 Co-ordinator로서의 필자의 임무는 우선 훌륭한

연구계획서(research proposal)를 작성하여, 필자의 연구를 재정적으로 지원해 줄 기관(donor agency)에 제출하여 승인을 받는 것이 급선무이다. 일단 재정지원을 받게 되면 연구계획서대로 연구를 진행시키고, 연구가 끝나면 국제회의를 열어 연구 결과를 발표하고, 이를 기초로 보고서를 만들어 국제기구에 배포하는 것이다.

그러나 연구계획서로 재정지원을 받는 것이 매우 힘들어 여러 번 실패하는 경우가 많았다. 특히 공격적인 성격을 갖지 못하는 한국 학자들은 이 연구과제 쟁탈시장에서 성공하기는 매우 어렵다. APDC 근무를 갓 시작한 필자는 독자적으로 받은 연구용역이 없어, 할 수 없이 APDC를 떠난 서장원 박사와 일본인 학자(Watanabe)의 연구과제를 전수받아 성심껏 수행하였다. 서장원 박사의 연구과제는 1992년 2월 "Cooperation in Small and Medium-Scale Industries in ASEAN" 이란 제목 하에 389페이지나 되는 연구보고서를 필자의 주도로 발간하였다. Watanabe의 연구과제는 1995년 5월에 "People's Initiatives for Sustainable Development: Lessons of Experience"란 제목 하에 470페이지나 되는 연구보고서를 필자의 주도로 발간하였다. 이 연구 과제를 수행하기 위해 필자는 1992년 6월에 Rio de Janeiro, Brazil에서 열린 리우 회의(Earth Summit)에 참석할 수 있는 영광을 갖게 되었다.

서장원 박사는 육사 21이 졸업생으로 대표 화랑상을 받았으며, 미국 Vanderbilt대에서 경제학박사를 받고, KIEP 부원장을 역임하였으며, UN기구에도 오래 근무하였다. Watanabe는 일본 동경대 출신으로 동경경제대학 교수를 역임하였다.

이들 연구과제를 수행하는 과정에서 필자는 싱가포르, 인도네시아, 태국, 필립핀 등 동남아시아 제국들을 방문하였으며, 네팔, 뱅글라데시, 스리랑카, 인도 등 남아시아 제국들을 방문하였다. 그리고 국교가 정상화되기 이전인 1991년에 중국을 방문하여 사회주의 체제가 어떻게 운영되는지를 직접 눈으로 관찰할 수가 있었다.

그러나 APDC에서 2년 정도 근무하니까 연구계획서를 작성하는 요령도 알게 되고, 재정지원을 하는 국제기구 사람들도 알게 되어, 본인이 연구과제 수주에도 상당한 경쟁력을 갖게 되었다. 그러나 유감스럽게도 한국외대에서 나의 휴직기간을 더 연장해 줄 수 없다는 통보가 왔다. 겨우 사정을 하여 한 학기만 더 연장받을 수 있었다. 모든 연구 과제를 가장 친한 동료 Co-ordinator인 Dr. Samad에게 맡기고 1993년 3월에 아쉬운 마음으로 APDC를 떠나 한국외대로 귀환하였다.

이 Dr. Samad는 비록 Muslim이고 나이가 나보다 여섯 살이나 많았지만, 내가 APDC에 근무할 때 형제처럼 가까웠던 친구이다. 그는 천재여서 Bangladesh의 Dhaka대학을 졸업한 후 미국 Boston 대에서 경제학박사 학위를 취득했다. 그는 Bangladesh로 귀국한 후 Hasina 수상의 비서실장과 경제장관을 역임하였으며, 또한 필자의 초대로 한국외대에서 초빙교수로 2년간 근무한 적도 있다. 내가 2018년에 미국으로 이주한다고 하니 매우 실망하여, 그 후 내가 아무리 그를 contact하더라도 소식이 없다. 아마 나를 너무 사랑하여 내가 멀리 미국으로 떠나가는 것을 매우 싫어하였으리라 판단된다.

그런데 내가 APDC에서 2년 반 동안 근무할 때, 우리 가족은 Kuala Lumpur의 교외인 Ulu Kelang에 있는 Highland Tower Block 1의 11B 아파트에 살았다. 내가 처음 이곳으로 이사 올 때에는 아파트 뒤가 열대우림(熱帶雨林, tropical rain forest)이어서 사람이 들어갈 수 없을 정도로 수목이 많았다. 그리하여 야생 원숭이들이 나무와 나무 사이를 점프하면서 다녔고, 온갖 종류 색깔을 지닌 새들이 하루 종일 지저귀는, 정말 성경의 에덴동산처럼 아름다운 곳이었다. 그러나 그 열대수목의 산 주인이 새로운 최신 아파트를 산 정상에 건설하고자 길을 내고 열대우림을 벌목하였는데, 여기서 엄청난 비극이 잉태하기 시작했다. 울창한 산림을 벌목하자 붉은 흙이 드러났고, 매일 내리는 열대 소나기(스콜, squall)로 토사가 깎이기 시작하였고, 결국 1993년 12월 11일 토요일 오후 1시 30분에 발생한 산사태로 내가 살았던 Highland Tower Block 1은 완전히 붕괴되어 48명이나 사망하였다. 본인과 가까이 지냈고 또 같은 교회에 다녔던 박영일 장로의 부인과 딸도 사망했다.

나는 APDC에 근무할 동안 매주 토요일 오전 8시부터 12시까지 열리는 한인학교의 교장을 역임하면서 국어와 수학을 교포 자녀들에게 가르쳤다. 이 한인학교는 유치원부터 고등학교 3학년까지의 학생이 200여 명이 다녔던 상당히 큰 규모의 학교였으며, 필자의 세 딸도 이 한인학교를 다녔다. 12시에 수업이 끝나면 대부분의 학생들은 Kuala Lumpur **열린 연합교회**(김기홍, 장준환 목사 담임)에 가서 교회학교를 다녔다. 나와 나의 처는 12시 방과 후에는 Highland Tower Block 1에 있는 필자의 아파트로 와서 점심을 먹고 쉬는 시간이 바로 오후 한두 시 경이다.

만약 필자가 그렇게 원했던 APDC 근무연장을 한국외대가 승인해 주었다면, 나는 아마 Highland Tower 붕괴사건 때 사망했을 것이고, 필자의 사랑하는 세 딸은 고아가 되었을 것이다. 인생만사 새옹지마(人生萬事 塞翁之馬)라. 우리 인생에서 일어나는 모든 일에 일희일비(一喜一悲)할 필요가 없다는 것을 실감하였고, 나를 빨리 한국외대로 귀환시킨 하나님 아버지께 무한한 감사를 드렸다.

필자가 APDC에 근무하게 된 것은 또 다른 축복을 가져다주었다. 필자는 APDC에 근무할 때 말레이시아에서 가장 좋은 University of Malaya(말라야 국립대학교, 이하 UM이라고 약함)의 교수들과 두터운 교분관계를 갖게 되었다. 그 당시 말레이시아 총리는 Dr. Mahathir 이었는데, 이 마하티르는 우리나라의 박정희 대통령의 경제개발정책을 좋아하여 이를 benchmarking 하려고 하였다. 그리하여 Look East Policy를 추구하면서 일본, 한국과 대만의 경제발전과정을 배우려 하였다. 그리하여 UM에 동아시아학과 한국학 program을 만들었는데, 필자가 최적임자라 판단되어, 나는 1997년부터 2010년까지 여름방학과 겨울방학에는 UM에 가서 새로운 과목을 개설하고, 필자가 직접 UM학생들에게 강의를 하였다. 이때 필자가 UM학생에게 가르친 과목은 한국경제, 한국역사, 한국문화와 사회, 동아시아 근대화과정, 기초통계학 등이다. 그리고 필자가 한국외대에서 정년퇴임한

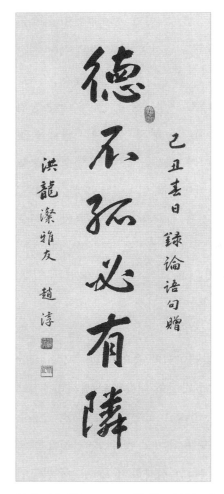

2013년 9월부터는 Visiting Senior Research Fellow란 직함 하에 2015년 9월까지 한국 관련 강의와 연구를 UM에서 하게 하였다.

德不孤必有隣(덕불고필유인)이라고 했든가? 필자가 말레이시아 정부와 UM을 위해 열심히 일했더니 위와 같은 행운을 하나님께서 주셨다고 확신한다.

필자의 APDC근무는 나의 세 딸의 교육에도 큰 축복을 가져다주었다. 세 딸은 필자가 APDC 근무 중 Kuala Lumpur에 있는 미국계 학교인 ISKL (Internaional School of Kuala Lumpur)를 다녔는데, 이때 그들은 영어를 master하게 되었으며, 이것이 후에 그들이 미국 대학원 과정을 이수하는 데 크게 도움이 되었다. 큰 딸인 김선영은 위에서도 언급한 것처럼, California대(Berkeley) 법학대학원을 졸업하였고, 둘째 딸인 김주영은 Pennsylvania대 건축대학원과 경영대학원 (Wharton School)을 졸업하였고, 막내딸인 김혜영은 뉴욕시

Manhattan에 있는 Fordham 법학대학원을 졸업하였는데, 이들 모두 이 ISKL에서 터득한 영어가 크게 도움이 되었으리라 판단된다.

이 절을 마치기에 앞서, 여러 독자들을 위해 말레이시아에 대해서 간략히 소개하고자 한다. 1957년 영국으로부터 독립한 말레이시아는 심한 인종간 갈등을 겪고 있다. 이는 영국 식민정부가 주석 탄광의 노동자를 중국 광동성에서 데려왔고, 고무 농장의 인부를 인도에서 데리고 왔다. 이는 그 유명한 영국 식민정부의 **"나누어서 지배한다(Divide and Rule)"** 라는 통치 철학에 기인한 것이다. 이 유입된 중국 노동자들은 우수한 두뇌와 근면성으로 한 세대 만에 말레이시아의 경제권을 획득하게 되었다. 또 같이 말레이시아에 이민을 온 우수한 인도인들도 열심히 일을 하여 주로 의사와 변호사 직종에서 크게 성공하게 되었다.

문제는 원주민인 말레이 민족인데, 상대적으로 덜 근면하고 덜 우수한 이들은 졸지에 경제력이 상대적으로 약화되었다. 그러나 그들은 정치와 군대와 경찰을 장악하고 있기 때문에, 이들 3종족간의 투쟁은 말레이시아가 안고 있는 가장 심각한 문제 중의 하나가 되었다. 이러한 갈등은 1969년 5월 31일의 대폭동으로 이어졌다. 이는 총선에서 의석을 약간 확보한 중국계 정당(Democratic Action Party) 사람들이 Kuala Lumpur 시내에서 자축 퍼레이드(parade)를 했는데, 이들은 말레이시아 정부의 부정부패를 일소하겠다는 의미에서 빗자루(broom)를 들고 행진하였다. 이를 보고 격분한(amok: 이 단어

는 말레이 사람들이 화가 나서 상대방을 죽이려고 하는 상태를 지칭함) 말
레이계 시민들이 수천 명이나 되는 중국계 주민들을 죽이고 그 시신
을 Klang 강에 투기하였다.

이 사건을 책임지고 초대 라만(Rahman) 수상이 사임하고, 툰
라작(Tun Razak)이 2대 수상으로 취임하였다. 그는 그 유명한 원주
민인 말레이족을 모든 분야에서 우대하는 Bumiputra 정책을 본격적
으로 추진하였다. 이 정책의 결과 원주민의 경제력이 강화된 것은 분
명하나 그들의 경쟁력은 오히려 약화되는 결과를 초래하였다.

제4대(1981~2003)와 제7대(2018~2020) 수상을 역임한 마하티르
(Mahathir)은 향동학습정책(Look East Policy), Multimedia Super
Corridor(MSC) 추진 등으로 말레이시아 경제를 크게 발전시켰다.

본인은 말레이시아에 10여 년을 살았기에 이 나라에 대해 할 말
이 많으나, 여기서는 지면의 제약 때문에 이만 줄일 수밖에 없음을
유감으로 생각한다. 말레이시아에 대해 관심이 있는 독자는, 위에서
도 언급한 본인의 다음의 졸고를 참조하기를 부탁한다.

*Enhancing Economic Cooperation Between Korea
and Malaysia*, ITBI, Seoul, Korea, Jan. 1999, 97pp.

3.8 필자의 한국외대 근무의 중반기(1993~1997)

3.8.1 선생님의 서울특별시 초대 민선시장(1995~1997)

1993년 한국은행 총재를 김영삼 대통령과의 불화로 임기 만료 전에 그만두시고 다소 우울하셨던 선생님은 1995년에 민주당 후보로 서울특별시 초대 민선시장에 도전하였다. 판관 포청천(判官 包青天)의 이미지를 가진 선생님은 정원식 후보와 박찬종 후보를 압도적인 표 차이로 누르고 득표율 42.35%를 얻어 민선시장으로 당선되셨다. 이때 이해찬 의원, 김민석 의원, 정대철 의원 등 김대중 총재의 동교동계의 의원들이 선생님의 선거운동을 적극적으로 도와주었다. 이때 선생님의 많은 제자들이 선거운동에 자원했는데, 특히 노준찬, 박기봉, 박진원, 정운찬, 필자 등 서울상대 24회 동기생들이 크게 수고해 주었다. 특히 박기봉 사장은 선생님의 시장 선거를 위한 책자 선전이 선거법을 위반하였다고 검찰에 불려가 고초를 당하기도 하였다. 선생님께서는 1994~1995년 기간 동안 이화여자대학교의 석좌교수로 근무하셨는데, 제자들인 이화여대생들이 직간접적으로 선생님의 서울특별시 시장 당선에 크게 도움을 주었다. 노준찬 군은 계속해서 선생님의 서울특별시 시장 재임기간 중 비서실장으로 수고해 주었다.

한편, 선생님께서는 1994년에 선생님의 모교인 미국 Bowdoin 대에서 모교의 발전에 공헌하였다는 이유로 명예법학박사를 받았다.

선생님께서는 1995년 서울특별시 초대 민선시장에 당선되었다는 기쁨을 누리기도 전에, 전임 최병렬 시장 임기 중인 1995년 6월

29일(목) 17시 52분에 삼풍백화점이 부실 공사와 부실 관리로 붕괴되어 502명이 사망하고, 30명이 실종되고, 937명이 부상을 당했다.

선생님께서는 7월 1일 0시에 삼풍백화점 붕괴사고 현장에서 사고 관련 대책회의를 시작으로 공식적인 시장 업무에 들어갔다. 이미 취임식을 무기한 연기한 선생님은 1일 0시부터 오전 8시까지 사고 현장에서 최병렬 전임시장의 도움을 받아 현장을 지휘한 뒤, 현장 주변 식당에서 취임 후 첫 조찬 기자 간담회를 가졌다. 선생님은 이어 나머지 오전 시간과 오후 5시까지 부상자들이 입원한 병원을 찾아 위문한 뒤, 오후 5시에 시청에 첫 등청하셨다. 이렇게 어렵게 시장직을 시작한 선생님께서는 혼신의 노력으로 삼풍백화점 붕괴사고를 무난하게 수습하셨다.

또 선생님께서는 1994년 10월 21일 오전 7시에 발생하여 32명의 사망자와 17명의 부상자를 낸 성수대교 상부 트러스 붕괴사고도 수습해야만 했다. 성수대교의 무너지지 않은 부분을 보완해서 사용할 수도 있다는 토목학계의 의견을 받아들이지 않고, 성수대교를 완전히 새로이 건설하도록 결정하셔서, 선생님의 임기 중인 1997년 7월에 성수대교를 재완공하셨다.

완공한 지 10년도 지나지 않은, 1990년대 초반부터 서울 지하철 2호선 기관사들이 "당산철교에서 **빠르게 달리면 교량 구조물의 진동이 심해 운행하기 무섭다**"고 하자, 당산철교의 안전성에 대한 우려의 목소리가 나오기 시작했다. 성수대교 붕괴 사고와 마찬가지로 기존 교량을 보수해서 계속 사용할 수 있다는 일부 전문가와 시민단체의 의견도 있었지만, 선생님은 전면 재시공을 신속히 결정하였다.

이러한 선생님의 결정이 옳았다는 것은 거의 30년이 지난 오늘까지 성수대교와 당산철교 모두가 튼튼하게 사용되고 있는 데서 알 수 있다.

선생님께서는 1997년 4월 서울 여의도광장의 아스팔트를 걷어내고 아름드리나무가 어우러진 **"여의도공원"** 으로 명명된 시민 휴식공원으로 조성하기 위해 여의도광장 공원화 사업을 시작하셨다. 그리하여 1년 후 공원 조성이 완료되자마자 서울시민에게 공개되었다. 미국 뉴욕 맨해튼에는 Central Park가 있고, 영국 런던에도 Hyde Park가 있는 것을 상기할 때, 이것은 지극히 당연하고 현명한 결정이었다고 판단된다.

선생님께서는 전혀 부정부패와 관련이 없는 Mr. Clean이시다. 선생님께서는 서울시장으로서 위와 같은 대형 사업을 추진하셨는데, 일원 일전이라도 부정이 없었다는 것이 추후에 판명이 되었다. 선생님께서는 서울시장으로 출마를 했을 때는 김대중 총재의 지원으로 나오셔서 당선되었다. 그런데 2년 후에 민주당 후보로 대선에 나오셔서 김대중 후보에 도전하였다. 그러한 악연으로 1998년에 집권한 김대중 대통령이 선생님을 구속하기 위하여 서울시 감사를 아무리 하여도 부정이 안 나오니 결국 포기했다고 선생님께서 필자에게 말씀해 주셨다.

이와 같이 서울 시정을 성공적으로 이끄신 선생님께서는 그 경륜을 대한민국 전체로 확대시키기 위해 1997년 12월에 있을 대통령 선거에 출마하시기로 결정하셨다. 이를 위해 1997년 9월 9일에 서울시장직을 사임하셨다.

3.8.2 필자의 Fiji 공화국 수상 경제자문관 근무
(1995-1996)

필자는 1995년부터 1996년까지는 외교통상부의 주선으로 남태평양에 있는 피지공화국(Republic of Fiji)의 Rabuka 수상의 경제자문관으로 일하게 되었다. 피지는 인구가 백만 정도이고 국토 면적은 우리나라 경상도 크기이며, 1970년 영국으로부터 독립한 영연방 국가이다. 피지의 주요 산업은 사탕수수재배, 수산업(참치), 의류제조업, 관광업 등인데, 그 산업 규모가 크지 않아 국가재정의 상당한 부분을 호주와 뉴질랜드로부터의 원조에 의존하고 있다.

피지는 영국의 식민지 지배(1874~1970) 당시 사탕수수 재배를 시작하였는데, 영국의 "**나누고 지배한다**(Divide and Rule)"는 정책의 일환으로 인도인들을 사탕수수 농장의 노동자로 유입시켰다. 그러나 우수한 인도인들은 열심히 일을 하여 한 세대 만에 피지의 경제권을 확보한 반면, 놀기와 술(yangona) 마시기를 좋아하는 나태한 원주민은 빈곤에서 벗어나지 못하고 있다. 그리하여 피지의 가장 근본적인 문제는 두 종족 간의 첨예한 대립이다. 내가 모셨던 Rabuka 수상은 피지계로서, 1987년 쿠데타를 일으켜 인도계의 정권을 무너뜨리고 정권을 찬탈한 군인 출신 정치가이다.

　　필자는 정성을 다해 피지 경제의 자립화를 위한 보고서를 작성해 보고하였는데, Rabuka 수상은 자기가 세운 군사정권의 유지와 골프에만 관심을 가지고 있었지 필자의 보고서에 대해서는 별로 관심이 없었다. 정말로 한심한 국가지도자이었다. 그는 Fiji의 두 개의 큰 남섬과 북섬 중 북섬인 Vanua Levu섬 출신이며, 나이는 필자와 동갑이다. 또 그는 그의 공식적인 호칭을 Sitiveni Rabuka, Prime Minister of Fiji, Major General, OBE라고 부르라고 부하들에게 명령하였다. 그는 군사혁명 당시 육군 중령이었는데, 자기 자신을 육군소장으로 진급시켰으며, 영국 정부로부터 Order of the British Empire(OBE)라는 영국 연방의 훈장을 받았기 때문이다. 그는 그 당시 미국의 41대 대통령(1989~1993)이었던 George H.W. Bush와 몇 년 전에 골프를 함께 친 사실을 늘 자랑하고 다녔다.

　　여기서 한마디 하고 싶은 것은, 어떤 나라의 흥망성쇠는 그 나라 지도자의 능력과 자질에 크게 의존한다는 사실이다. 페르디난드 마르코스가 1965년부터 21년간 장기 집권한 필리핀은 2차 세계대전 후 아시아에서 일본 다음으로 잘 사는 국가에서 동남아 최빈국으로 전락하고 말았다. 이에 반해 말레이시아 반도 끝의 조그마한 섬나라 싱가포르는 1965년 말레이시아 연방으로부터 독립한 후 리콴유(李光耀) 수상의 영웅적인 영도 하에 1인당 GDP가 지금 6만 불에 달하고 있다.

　　필자의 피지 경제발전을 위한 보고서가 거의 파기되는 것을 막기 위해, 다음과 같이 국내에서 발간하였다.

The Economy of Fiji and Its Development Strategies,
ITBI, Seoul, Korea, Dec. 2000, 85pp.

3.8.3 필자의 주요 연구 실적(1993-1997)

1993년 3월에 한국외대로 돌아온 필자는 사공 일 전 재무부장관
이 설립한 세계경제연구소(IGE, Institute for Global Economics, 이
하 IGE로 약함)의 초빙 연구위원으로 1993년 5월부터 1996년 5월까
지 일하게 되었다. 이때 본인과 같이 연구를 수행한 교수들은 김종석
홍익대 교수, 나성린 한양대 교수, 유재원 건국대 교수, 이종윤 한국
외대 교수, 주한광 세종대 교수, 홍기택 중앙대 교수 등이다.

김종석 교수는 미국 Princeton대에서 경제학박사를 취득하였으
며, 후에 국회의원을 역임하였다. 유재원 교수는 미국 Yale대에서 경
제학박사를 취득한 후 건국대 부총장을 역임하였다. 주한광 교수는 미
국 Columbia대에서 경제학박사를 취득한 후 APEC에서 근무하였다.

필자가 IGE의 재정 지원으로 발간한 주요 연구보고서는 다음과
같다.

(a) *International Environmental Protection Measures
and Their Impacts on Korean Trade*, (in Korean), IGE,
Seoul, Korea, Jun. 1994, 85pp, Co-authored with Sung
Lin La.

(b) *The Impact of FDI (Foreign Direct Investment) Inflow on Korean Economy: Current Status and Policy Recommendation*, (in Korean), IGE, Seoul, Korea, Apr. 1995, 91pp, Co-authored with Han Kwang Choo.

3.9 필자의 한국외대 근무의 후반기(1997-2013)

이 기간 중 선생님께서는 그의 인생의 영광스러운 절정기에서 외롭고 쓸쓸한 황혼기로 서서히 접어들기 시작하였다. 선생님은 1997년 대통령 선거에 출마하시고, 1998년에는 강원도 강릉을구 국회의원으로 당선되시고, 2000년에는 정계은퇴 선언을 하셨다. 2010년에는 필자가 주축이 되어 소천 조순 교수 팔순기념논문집 8권을 발간하였는데, 이를 제자들로부터 증정을 받으셨다. 이 모든 것들은 너무나 중요하기 때문에 아래에서 별도의 절에서 서술하기로 하고, 본 절에서는 주로 필자의 이야기를 요약 정리하고자 한다.

1999년 3월에 필자는 한국외대 국제지역대학원의 2대 원장에 취임하여 2000년 12월까지 시무하였다. 본 대학원은 교육부의 대학원 교육의 국제화를 위해 1997년에 창설되었다. 그 당시 교육부는 전 과목을 외국어(특히 영어)로 강의할 수 있는 9개 대학교 국제대학원(경희대, 고려대, 서강대, 서울대, 연세대, 이화여대, 중앙대, 한국외대, 한양대)을 선정하여 국고 지원을 해 주었다. 이 국고 지원의 대가로

매년 9개 국제대학원을 심사하여 순위를 매겼는데, 필자의 헌신적인 노력에도 불구하고, 한국외대는 1999년에는 4등, 2000년에는 6등을 차지하였다. 이때도 선생님께서는 바쁘신 데도 한국외대 국제지역대학원에 두 번이나 오셔서 영어로 특강을 해 주셨다.

이어 필자는 2001년 8월부터 1년간 필자의 모교인 미국 Ohio주립대에 초빙교수로 청빙되어, 근 20년 만에 Columbus, Ohio를 찾았다. 위에서도 언급한 바와 같이, 필자의 지도교수이었던 Edward John Ray 교수는 내가 졸업한 후 연구 활동보다 대학 보직에 더 관심이 있어, 그때는 Ohio주립대의 부총장으로 일하고 있었다. 1976년 Ohio주립대 경제학과 과장으로 시작한 그의 오랜 대학 보직 생활은 그를 무척 외교적으로 만들었지만, 그의 뛰어난 지적 연구능력(academic rigor)은 매우 약화된 것 같아 무척 슬펐다.

독자들도 잘 알다시피, 인간은 두 가지 일을 동시에 할 수 없다. 어떤 한 가지 일을 하면 다른 일은 포기해야만 한다. 이것을 경제학에서는 기회비용이라고 한다. 만약 내가 스승으로서 존경하고 그 연구능력이 탁월했던 Ray교수가 대학 보직을 맡지 않고 연구에만 몰두 하였다면 지금 쯤 충분히 노벨 경제학상을 받지 않았을까 생각한다. 그러므로 우리 인생의 성공 여부는 다 선택의 문제가 아닌가 생각한다.

이 기간 중 본인의 연구를 다음과 같은 책으로 발간하였다.

Trade Patterns Between Korea and the United States: Overcoming Korea's Financial Crisis Through Expanding her Trade Volumes with the United States,

ITBI, Seoul, Korea, Nov. 2002, 70pp.

그리고 2002년 12월부터 2003년 3월까지는 일본 혼슈(本州) 야마구치(山口)시에 있는 야마구치 대학교(山口大學) 대학원 동아시아학과에 초빙교수로 청빙되었다. 일본의 야마구치 현은 일본의 명치유신(1868)을 주도한 조슈번(長州藩)으로서, 그 번청(藩廳)이었던 하기(萩)에 가면 정한론(征韓論)을 주장한 요시다 쇼인(吉田松陰)의 신사(神社)와 우리 민족의 원수인 이토 히로부미(伊藤博文)의 생가가 있다. 또 야마구치 시내에는 조선 초대 총독이었던 데라우치 마사타케(寺內正毅)의 묘가 있다.

이 대학에서 나는 동남아경제를 강의하였으며, 본인의 한국경제 관련 논문 2편을 야마구치대 경제학과가 주최한 세미나에서 발표하였는데, 다음과 같이 출간되었다.

"Changes in and Determinants of RCA of Korea and the USA," *Journal of Economics and Business Administration*, Vol. 21, HUFS, Seoul, Korea, Dec. 2002, pp. 223-243.

"Changes in and Determinants of Intra-Industry Trade (IIT) Between Korea and her Major Trading Countries," *Journal of Economics and Business Administration*, Vol. 22, No. 2, HUFS, Seoul, Korea, Feb. 2004, pp. 203-223.

그리고 한국외대에서 1984년에서 2004년까지 강의한 순수무역 이론(Pure Trade Theory, 여기서 순수(Pure)란 화폐가 없는 세상 (money-less world)을 의미함)의 강의록을 정리하여 다음과 같은 영문 교과서를 발간하였다.

『*Pure Trade Theory*』, Yulgok Books Co., Seoul, Korea, Feb. 2004, 184pp.

그리고 본인은 2006년 2월부터 2008년 1월까지 한국외대 경상대학장을 역임하였으며, 2008년 2월부터 2010년 1월까지 한국외대 대학원장을 역임하였다. 대학원장으로 재임 시 외국 국가원수들과 한국외대 발전을 위해 공헌한 분들에게 명예박사를 많이 수여하였는데, 이 중에는 본인과 후에 매우 친밀한 관계를 유지하게 된 현마(玄馬) 그룹의 이성희 회장이 있다. 이 회장에 대해서는 별도로 다른 절에서 소개하고자 한다.

이 절을 마치면서, 필자는 전지전능하신 하나님께 진실로 감사드릴 것이 하나 있다. 위에서 언급한 것처럼, 필자는 선친이 고등학교 2학년 때 돌아가시는 바람에 온갖 고초를 겪어 가며 공부를 하였다. 필자는 나의 딸들한테는 이러한 고초를 주지 않기를 간절히 기도하였는데, 하나님께서 놀랍게도 나의 딸 3명의 미국 대학원 유학 경비만큼은 정확히 주시는 은혜를 필자에게 베풀어 주셨다. 정말로 고마운 하나님이시다.

3.10 선생님의 대통령 선거 참여와 국회의원 시절
(1997-2000)

1997년 8월 중순에 있었던 일이다. 필자는 그때도 여름방학 기간 중이라서 Malaya대에서 강의와 연구를 하고 있었다. 서울특별시장으로 헌신하시고 계시는 선생님의 다음 행보에 대해 선생님의 가슴 깊은 곳에 있는 의중이 궁금하여 Kuala Lumpur에서 선생님께 국제전화를 올렸다. 선생님의 대선 출마 여부에 대한 선생님의 각오는 정말로 대단하셔서, 당신께서는 필자한테 "Now or Never!(지금 출마하지 않으면, 다시는 안한다!)" 라고 국제전화로 강하게 말씀하셨다. 선생님의 대선 출마에 대한 강한 의지를 확인한 필자는 서둘러 8월 말에 귀국하였다.

선생님께서는 그의 심오한 학문과 경륜을 가지고 대한민국을 개혁하시기 위해 1997년 9월 민주당 총재로서 12월 대선에 도전하셨다. 민주당 내에 조직 기반이 약하신 선생님은 서울상대 제자들에게 당내 주요 직책을 맡기셨다. 비서실장에 노준찬 동기, 사무총장에 김동수 동기, 사무차장에 김상남 동기, 정책위원회 의장에 필자를 임명하신 후 대선 승리를 위해 총력을 기울이셨다. 이외에도 비봉출판사의 박기봉 사장, 서강대의 서준호 교수, 서울시립대의 이근식 교수, 연세대의 이영선 교수, 우성해운의 홍용찬 사장 등이 많이 도와주었다.

그 당시 민주당사는 마포구 용강동에 마포대로와 토정로가 만나는 지점에 있었다. 9월 초순경 필자는 필자의 4층 방에서 일하고 있었는데, 2층에 있는 총재실에서 호출이 있어 급히 내려가 선생님을 만났다. 선생님께서는 필자를 보고 당신의 장자방(張子房), 즉 장량(張良)이 되어줄 것을 지시하셨다. 민주당의 당세도 상대방 후보의 당보다 약하고, 또 그 약한 민주당도 이기택 전 총재계열 사람이 대부분이니, 믿을 사람은 필자를 포함한 제자들뿐이라고 판단하신 것 같았다. 그리하여 선생님의 제자들은 다 하나처럼 똘똘 뭉쳐서 선생님을 적극적으로 보필하였다. 이 자리를 빌려 김동수, 김상남, 노준찬, 박기봉, 서준호, 이근식, 이영선, 홍용찬 등에게 진심으로 감사를 드린다.

아마 1997년 9월 초순경으로 기억된다. 선생님을 민주당 대통령 후보로 옹립하는 민주당 전당대회를 서울 중구 장충체육관에서 거행하였다. 전당대회가 끝날 무렵, 선생님을 무동을 태워 장충체육관을 한 바퀴 돌 때, 민주당 전임 총재인 이기택 앞으로 가려는 것을 홍용찬 선배가 가로막아 딴 곳으로 가게 했다. 홍용찬 사장은 선생님이 이기택 전 총재의 영향력 아래 더 이상 있지 않음을 보이려고 한 것인데, 이것이 이기택 계 민주당원들을 크게 격분시켜, 홍용찬 사장의 공식적인 사과를 요구했는데, 홍 사장은 끝까지 굴복하지도 않고 사과도 하지 않았다.

필자는 정책위원회 의장으로서, 대선 승리를 위한 정책 수립도 해야 했지만, 선생님의 유세 연설도 준비하였다. 선생님께서는 선거 운동 도중 어떤 날은 3건의 유세 연설을 할 때도 있었다. 이 경우 역

부족인 필자는 이영선 교수나 이근식 교수가 작성해 준 원고를 필자가 수정가필을 하여 선생님에게 제출을 하였다. 그런데 매사 완벽주의자(perfectionist)이신 선생님께서는 아무리 바쁘시더라도 당신의 마음에 흡족하게 될 때까지 유세연설 원고를 여러 번 수정 보완 하셨다. 이 자리를 빌려 선생님의 유세연설의 초고를 작성해 준 이근식 교수와 이영선 교수에게 심심한 감사를 드린다.

9월 말에는 대선 승리를 위한 조직 강화를 위해 민주당 전당대회를 종로구에 있는 하림각에서 개최하였다. 그런데 주로 이기택 전 민주당 총재 계열의 대의원들이 선생님을 공격하고 비난을 하였다. 12월 대선을 위해서는 모두가 혼연일체가 되어야 하는데, 이렇게 난맥상을 보이니 선생님께서는 매우 화가 나셨다. 그리하여 대의원들을 크게 꾸짖고 바로 퇴장하여 봉천동 자택으로 돌아가려고 하셨다. 그러나 전당대회가 이렇게 끝나면 안 되기 때문에, 필자는 급히 전화로 선생님을 설득해서 한강 다리를 넘으시려는 선생님을 다시 하림각으로 모셔 왔다. 선생님을 비난했던 대의원들도 미안했든지, 선생님과 화해의 춤을 추면서 전당대회를 성공적으로 마쳤다. 이와 같이 학력, 경력, 출신성분 및 지방색이 서로 다른 수많은 대의원들을 관리하고 통합하는 것은 매우 어려운 일이며, 강온 정책을 유연하게 조화해야만 하는 고도의 정치력이 필요하다는 것을 뼈저리게 터득하였다.

10월 중순경에 있었던 일이라고 기억된다. 민주당 조직강화특별위원회(조강특위로 약함)가 있었는데, 이 조강특위에서 지구당 위원장이 선출되기 때문에 국회의원으로 출마하고자 하는 민주당원에게는 생사가 달린 매우 중요한 회의이다. 그러므로 이 회의는 주로 비밀리에 열린다. 그런데 이 회의를 자기한테 제대로 알려주지 않았다고 화가 난 K의원은 관련 민주당 직원을 총재실 앞에서 구타하는 사건이 발생하였다. 또 지구당 위원장이 되고자 하는 민주당원들이 어떻게 알았는지 몰려와서 총재실로 들어가려고 하여 총재실 앞은 갑자기 아수라장으로 변해버렸다. 신체 건장한 청년당원들을 문 앞에 세워 출입을 저지한 후에만 겨우 조강특위 회의를 할 수가 있었다. 상아탑에서 오랫동안 학자로 생활만 하신 선생님께서는 그날 분명히 많이 놀랐을 것으로 판단된다.

선거에서 승리하기 위해서는 조직이 강하고, 자금이 풍부해야 하는데, 이 모든 것이 약한 선생님의 여론 지지도는 8월 달에는 20%대이었는데 시간이 지날수록 점점 하락하여 후보사퇴를 고려하지 않을 수 없었다. 그리하여 11월 중순경 선생님과 가까운 선거참모들이 서대문구에 있는 Swiss Grand Hotel에서 선생님을 모시고 후보사퇴 문제를 진지하게 논의하였다. 일부 참모들은 강력히 반대하였지만, 대부분 참모들은 눈물을 머금고 선생님의 후보사퇴에 찬성을 하였다. 이어 민주당 최고위원 회의에서 선생님을 의장으로 모시고 하루 종일 격한 토론을 하였다. 특히 권기술 의원, 이부영 의원들이 강력히 반대하였다. 회의 차수를 넘겨 다음날 새벽이 되어서야 마지막 투표에서 간신히 후보사퇴 쪽으로 결정이 되었다.

11월 21일에는 이회창 후보 중심으로 단일화 되었고, 민주당과 신한국당은 한나라당으로 통합되었고, 선생님은 한나라당 총재가 되셨다. 필자는 신한국당과 민주당이 하나로 통합되었기에 당연히 민주당 정책위원회 의장직을 사퇴하였다. 대단히 유감스럽게도 12월 18일 목요일 선거에서 이회창 후보는 득표율 38.74%를 얻어, 40.27%를 얻은 김대중 후보에게 패배하는 쓰라린 결과에 직면하게 되었다. 이인제 후보는 19.20%의 득표를 하였다.

여기서 필자가 지적하고 싶은 것은, 대한민국 국민의 낮은 민도 수준이다. 대선후보의 자질을 보고 투표하는 것이 아니라 지역주의, 제공되는 금품 향응을 보고 투표한다는 사실이다. 또한 언론계의 부패이다. 민주당이 자금력이 부족하여 기자들에게 소위 촌지를 주지 않으면 선생님의 근황을 언론에 전혀 기사화하지 않는다는 사실이다. 이것들이 1997년 대선 때에 만연했던 우리나라 정치풍토였다는 점이다.

또 그 당시 야당이었던 민주당에 대한 정부의 직간접적인 박해를 들 수 있다. 필자는 1995년 1월부터 한국은행 조사1부 자문교수로 일하고 있었는데, 본인이 민주당 정책위원회 의장이 되었다는 이유 때문에 한국은행 자문교수를 사퇴하라는 압력이 한국은행으로부터 있어서, 사임을 하였다. 또 필자가 초빙연구위원으로 있었던 ITBI도 본인의 사표를 종용하였기에, 사퇴하였다. 이와 같은 야당에 대한 직간접적인 탄압이 앞으로도 계속된다면, 한국의 민주주의 발전이란 요원할 수밖에 없다.

다행스럽게도 나의 평생직장인 한국외대로부터는 교수를 사퇴하라는 압력은 없었다. 선생님을 평생 보좌하겠다는 의지가 투철한 본인으로서는, 만약 사퇴압력이 있었다면, 이에 대한 본인의 결정은 분명했으리라. 이 자리를 빌려, 당시 한국외대의 박승준 이사장과 안병만 총장에게 심심한 감사를 드린다.

또 12월 18일 선거 당일에 있었던 일이다. 그날 모두 아침 일찍이 투표하고 서초구에 있는 서울교육문화회관에 십여 명의 인사들이 모여 선생님과 함께 정권 인수계획 작업을 시작하였다. 저녁까지 열심히 일을 하였는데, 선생님께서는 어느 기관으로부터 투표 예상결과를 들으셨는지, 작업을 그만 두자고 해서 모두 헤어졌다. 그런데 그 자리에 있었던 한 인사는 선거에서 승리한 김대중 정부에 적극적으로 참여하였고, 또 다른 한 인사는 김대중 정부에서 금융업계의 주요 직책을 역임하였다. 필자는 여기서 김대중 정부에서 일을 한 그들을 비난할 생각은 전혀 없다. 다만 그들이 차기 김대중 정부에서 일을 할 생각이 조금이라도 있었다면, 12월 18일의 정권인수 계획 작업 모임에 참석하지 말았어야 한다는 점이다. 그래야만 존경하는 선생님에 대한 최소한의 예의가 아니었을까 하고 판단된다.

또 선거운동이 치열했던 10월경이라고 기억된다. 선생님의 제자인 한 인사는 라디오 방송에 출연하여 선생님을 비판하는 말을 스스럼없이 하였다. 그 이후 그는 김대중 정부의 핵심 인사로 피택되었다. 필자는 여기서도 김대중 정부에서 일을 한 그를 탓할 생각은 추호도 없다. 또 자기와 정강정책이 다른 후보를 비난할 수도 있다고 생각한다. 다만 그의 스승을 그렇게 비판한 그의 양식이 의심스러울 뿐이다.

이에 반해, 선거운동기간에 무보수로 자원봉사한 고마운 사람들도 있다. 전 서울대 교수인 김용희 박사와 필자의 제자인 윤치호 박사이다. 이들은 전 선거기간 중 한 푼의 보수도 안 받고 불철주야로 노력한 분들이다. 이 자리를 빌려 이들에게 심심한 감사를 드린다.

이때부터 선생님은 정계 은퇴를 마음에 두고 계셨다. 본인을 만날 때마다 영국의 Winston Churchill 수상의 **"정치적 이력은 실패로 끝난다(Political career ends in failure)."** 란 말씀을 여러 번 하셨다. 고고한 학자이신 선생님께서 이전투구(泥田鬪狗)의 정치판을 보고 얼마나 실망하셨는지 쉽게 알 수 있다. 사람이 정치를 하는 동기는 **"권력을 갖고자 하는 의지(the will to power, der Wille zur Macht)"** 라고들 한다. 내가 세 달 동안 정책위원회 의장을 하고 보니, 정치인들은 당장 점심을 먹을 돈이 없는데도 불구하고 큰 소리로 정의, 평등, 애국이라는 듣기 좋은 단어들을 열거하면서 구호를 외치고 있었다. 돈이 없어 배가 고프면 다른 일을 하든지, 혹은 솔직히 도와달라고 말을 해야 하지 않을까? 이렇게 표리부동(表裏不同)하니 정치가들은 거짓말을 밥 먹듯이 하고, 약속을 지키지 않고, 또 그래야만 선거에서 이길 수 있다.

그러니 흰 학처럼 깨끗하고 clean한 선생님이 오직 구국의 열망으로 출마하셨으나, 대한민국의 현실이 그를 받아 주지 않았으니 얼마나 실망하고 번민에 빠졌는지는 쉽게 상상할 수 있다. 마음속 깊은 곳에 있는 감정을 거의 표출하지 않도록 수련 단련되신 선생님께서는 Churchill 수상의 말을 깊이 상고하고 상고하면서, 그 실망과 분노를 억누르시지 않았을까 하고 판단된다.

이러한 대선 고배 이후 선생님께서는 1998년 강릉시 을구 국회 의원 보궐선거에서 한나라당 후보로 출마하셔서 득표율 61.10%로 당선이 되셔서 2000년까지 국회의원직을 수행하셨다. 그러나 2000 년 제16대 총선에서 한나라당의 공천을 받지 못한 김윤환, 이기택 등 과 함께 민주국민당을 구성하였으나, 선생님께서는 불출마하셨다. 여기에 민주국민당이 지역구 1석, 전국구 1석을 획득하는 저조한 성 적을 기록하자, 정계를 은퇴하셨다. 그리고 2002년 서울대 경제학부 명예교수로 학계로 복귀하셨다.

이 절을 마치기에 앞서, 1997년 대선에 대해 한 마디를 첨언하 고자 한다. 10월 중순부터 후보 간의 합종연횡이 심각히 논의될 때, 선생님과 이회창 후보와 이인제 후보의 3자간 통합이 성취되었다면 1997년 12월 18일 대선에서 승리하였으리라 판단된다. 11월 3일 김 대중 후보와 김종필 후보의 단일화 합의문(속칭 DJP연합)에 서명하고 김대중으로 대선 후보를 단일화 한 뒤, 김대중이 당선될 경우 공동 정부를 구성하기로 합의하였다. 이때 필자는 선생님이 이회창 후보 와 단일화 한다면 충분히 대선에서 승리하리라고 판단하였는데, 이 것은 너무 낙관적인 판단이었다고 생각된다. 돌이켜 보면, 노태우, 김영삼, 김종필의 1990년의 3자간 단합이 김영삼 후보를 1992년 대 선에서 대통령으로 당선시킨 것처럼, 이때에도 이인제 후보를 반드 시 포함한 3자간 단일화를 했어야만 1997년 대선에서 승리할 수 있 었다고 판단된다.

그리고 김대중과 김종필 후보의 단일화의 경우 김대중 후보가 당선되면 공동정부를 구성한다는 지극히 강력한 합종연행이었다. 그러나 선생님과 이회창 후보간의 단일화는, 대선후보는 이회창, 당 총재는 선생님이 되는 지극히 느슨한 합종연행인 것이다. 합종연행이 성공하려만 강력한 접착제가 필요한 데 필자의 불찰로 그렇게 하지 못한 것이 존경하는 선생님께 대단히 죄송하고 죄송하다. 이러한 것을 빨리 감지하고 선생님께 잘 조언했어야 유능한 정책위의장 내지 장자방이 될 수 있었는데, 그렇게 하지 못한 본인의 무능력과 결단력 부족을 그 이후 두고두고 후회하였다.

3.11 선생님의 정계은퇴 선언 후 10여 년(2000-2010)

선생님은 정계를 은퇴한 2000년에 러시아 경제아카데미로부터 명예 경제학박사를 수여받았다. 이후 안중근의사 숭모회 이사장(2002), 민족문화추진회 회장(2002~2007), 대통령 직속 국민경제자문회의 부의장(2003~2004), 강원서학회 고문(2004-2022), SK 사외이사(2004~2010), 바른경제동인회 회장 및 명예회장(2004~2022), 한국학중앙연구원 이사장(2005~2008), 명지대 사회과학대학 경제학과 석좌교수(2006) 및 한러문화경제협회 대회장(2009) 등을 역임하셨다. 아울러 수많은 경제관련 논문과 한시를 창작하셨으며, 수많은 지인들을 위해 한묵을 써 주셨다. 이와 관련하여 선생님의 이 당시의 주요 활동들을 요약하면 다음과 같다.

3.11.1 민족문화추진회 회장(2002-2007)과
국민경제자문회의 부의장(2003-2004)

선생님께서는 한국고전번역원의 전신인 민족문화추진회의 회장을 역임하셨다. 민족문화추진회는 민족문화의 보전, 전승, 계발, 연구를 추진하여 민족문화의 진흥에 이바지함을 목적으로 1965년 서울에서 민간단체로 발족된 재단법인이다. 선생님께서는 재임 기간 동안 한문으로 저술되었기 때문에 전혀 읽혀지지 않는 우리 고전문헌을 쉬운 현대 한글로 번역함으로써, 우리나라의 전통문화를 계승, 발전시키는 작업을 선두에서 지휘하셨다. 특히 2005년 11월에는 한국문집총간(韓國文集叢刊) 정편 663종 350책을 완간하였다. 이 정편 350책에는 신라 최치원의 〈계원필경집〉, 송시열의 〈송자대전〉, 정조의 〈홍재전서〉 등 한국의 대표적인 인물 662명의 문집 663종이 수록되었다. 원서로는 1만 5,018권 4,917책에 38만 1,679면으로, 고려시대에 판각된 해인사 팔만대장경판의 2.3배에 달하는 한국 최대 규모의 편찬물이다. 이 문집은 개인의 사상과 행적을 연구하는 데 기본적인 자료일 뿐만 아니라, 개인이 살았던 시대의 정치, 문학, 사상을 연구하는 데에도 중요한 자료로 이용될 수 있다.

국민경제자문회의(國民經濟諮問會議, National Economic Advisory Council)는 국민경제의 발전을 위한 중요정책의 수립에 관하여 대통령의 자문에 응하는 대통령 직속 자문기관이자 헌법기관이다. 헌법 제93조에 의거 1999년 8월 31일 제정된 국민경제자문회의 법에 따라 1999년 11월 20일에 설립되었다. 선생님께서는 2003년에 출범한 노무현 정부에서 대통령 직속 국민경제자문회의 부의장을 역임함으로써, 법조계 출신이어서 경제 지식에 다소 취약한 노무현 대통령의 경제정책 수립에 많은 공헌을 하셨다.

3.11.2 강원서학회 고문(2004-2022)

강원서학회(江原書學會, 회장 담원(潭園) 이현순(李賢順))는 여초(如初) 김응현(金膺顯) 선생께서 20여 년 전 강원도 인제에 들어와 살 때, 강원도와 연고가 닿은 서예인들을 모아 창립한 학회이다. 강원대학교 중관(中觀) 황재국(黃在國) 교수가 초대부터 회장을 역임하였고 강원도 지방의 서예가들의 예술활동을 진작시키기 위해 노력하였다. 지금 현재 60여명의 회원이 활동하는 전문예술가 단체로 발전하였다.

고향인 강원도를 너무 사랑하시는 선생님께서는 당신이 직접 쓰신 한묵을 강원서학회 정기서예전에 지난 15년간 출품하셔서 이들의 예술활동을 크게 격려하셨다. 존경하는 선생님께서 2021년 8월 21일에 쓰셨고, 2022년 9월 1일에 제20회 강원서학회 정기회원전에 그의 생애 마지막으로 출품하신 유묵을 소개하면 다음과 같다.

〈이하 제20회 강원서학회전 도록에서 인용〉

子曰, 不怨天, 不尤人, 下學而上達, 知我者其天乎.

(자왈, 불원천, 불우인, 하학이상달, 지아자기천호.)

논어(論語) - 14. 헌문(憲問)

子曰, "莫我知也夫!" 子貢曰, "何爲其莫知子也?"

子曰, "不怨天, 不尤人, 下學而上達, 知我者其天乎!"

자왈, "막아지야부!" 자공왈, "하위기막지자야?"

자왈, "불원천, 불우인, 하학이상달, 지아자기천호!"

공자께서 말씀하셨다. "나를 알아주는 사람이 없구나!"

자공이 말하였다. "어찌 선생님을 알아주는 사람이 없겠습니까?"

공자께서 말씀하셨다. "하늘을 원망하지 않고, 다른 사람을 탓하지 않으며, 일상적인 일들을 배워서 심오한 이치에까지 도달하였으니, 나를 알아주는 것은 저 하늘이로다."

2021년 8월 20일 봉천동 언덕을 올라 선생님을 뵈니 너무 반갑게 맞이해 주셨다. 작품을 받으러 왔습니다고 하니, "허허, 요즈음 통 글씨를 쓸 수가 없었는데, 잘 될까?" 하시며 붓을 드셨다.

知我者其天乎를 쓰시고는, 잘 되지 않는데… 하시며, 다시 붓을 드시고 不怨天, 不尤人을 써 주셨다.

다음날 나중에 쓴 글씨로 전시하라고 말씀해 주셨는데, 이번 제20회 강원서학회 정기회원전 출품작품이 선생님의 마지막 글씨이다.

〈이상 제20회 강원서학회전 도록에서 인용〉

선생님께서 이 세상에서 마지막으로 출품한 이 한묵을 바라보며, 필자는 오랫동안 아무 말도 못하고 속으로 흐느끼며 울었다. 성현(聖賢)과 같은 선생님은 절대로 당신의 마음속 깊은 데 있는 감정을 잘 표출하시지 않는다. 필자는 반세기 이상 동안 선생님을 모시면서, 선생님의 조그마한 일거수일투족으로부터 선생님의 심정을 빨리 읽는데 상당히 익숙해 있다. 선생님께서는 이미 2021년 8월 21일에 이 한묵을 쓰셨는데, 필자는 그해 9월에 잠깐 일시 귀국하여 봉천동 선생님 댁을 두 번씩이나 방문하여 선생님과 오랫동안 동안 대화를 하였는데, 왜 그때 선생님의 마음 상태를 알지 못하였을까? 그때 선생님의 건강은 이전에 비해 좋지 않다는 것은 필자가 분명히 발견하였다. 그러나 당신의 심적 상태가 이렇게까지 떨어져 있었는지를 필자는 그때 감지하지 못하였고, 오늘 이 유묵을 보고서야 그것을 알았으니 얼마나 아둔한 필자인가?

논어에서 공자는 "자기를 알아주는 사람이 없구나!"라고 세상 사람들에 대한 자기의 분노와 실망을 그의 제자인 자공에게 표출했지만, 선생님께서는 이와 같은 아쉬움과 실망을 절대로 필자에게 표출하지 않으셨다. 선생님께서는 "나를 알아주는 것은 저 하늘이로다."라고 한묵을 쓰심으로써 세상 사람들에 대한 당신의 아쉬움과 실망을 극복해 버리셨다. 마치 1997년 대선 실패를 Churchill의 "정치적 이력은 실패로 끝난다(Political career ends in failure)."란 말로 그 당시의 고난과 고뇌를 극복하신 것과 같다. 아둔한 우리 제자들도 선생님께서 마지막으로 출품한 유묵에서처럼, 우리의 진정한 가치를 알아주지 않는 세상을 원망하지 말고, 일상적인 일들을 배워서 심오한 이치에까지 도달함으로써 "나를 알아주는 것은 저 하늘이로다."라고 외칠 수 있는 날이 빨리 오기를 고대해 본다.

　　필자의 판단으로는, 선생님은 이 강원서학회의 활동에 적극적으로 참여함으로써 당신의 고독한 황혼기에 정신적 위안과 행복을 많이 받으셨다고 확신한다.

　　필자가 잘 아는 강원서학회의 주요 회원의 일부를 소개하면 다음과 같다.

　　　　중관(中觀) 황재국(黃在國)

　　　　범여(凡與) 정양화(鄭良和)

　　　　윤향(侖香) 김분호(金粉鎬)

　　　　소연(昭衍) 박경자(朴景自, 강원도 여류 서예가 협회 회장)

　　　　꽃길 박무숙(朴戊淑)

　　　　소인(昭人) 엄희순(嚴嬉順)

　　　　고(故) 향천(香泉) 윤명순(尹明順)

　　　　담원 이현순

　　　　여현(如賢) 황선희(黃善喜)

　　　　소소서우회(掃素[17]書友會) 대표 들이다.

---

17) 이태백(李太白)의 왕우군(王右軍; 동진(東晉)의 명필가 왕희지(王羲之)를 가리킨다)

정양화 작가는 강원서학회장을 역임하였으며, 박경자 작가는 사무국장으로 10여년 수고하였다. 김분호 작가는 소천조순선생팔순기념문집 중 봉천학인한묵집을 만드는데 황재국 교수를 많이 도와주었다. 황선희 작가와 박무숙 작가도 한문서예와 한글서예를 아름답게 조화시킨 그들의 작품을 정기회원전에 계속 출품하고 있다.

여기서 황선희 작가에게 축하의 말을 전하고자 한다. 황선희 작가는 혼자서 아들 둘을 교육시키느라고 무척 고생을 하였으리라 판단된다. 그러나 하나님의 도움으로 차남인 지현홍 군은 경찰대학을 국비로 졸업한 후, 경찰청의 인재양성의 일환으로 경희대 법학대학원에서 법학 공부를 하였다. 두뇌가 우수하고 성실한 지현홍 군은 그 후 사법시험에 합격하였다. 수년전 김·장 법률사무소에서 엄청난 특혜로 이 지현홍 군을 scout 하려고 했지만, 지현홍 군은 그 제의를 거절하고 지금 경찰에서 경감으로 박봉을 받고 계속 근무하고 있다. 그는 틀림없이 조국의 경찰 발전에 크게 기여할 동량지재(棟梁之材)가 되리라고 본인은 분명히 확신한다.

마지막으로 향천 윤명순 작가는 그의 한묵과 그의 동양화를 잘 결합시켜, 아름다운 작품을 많이 창작한 훌륭한 서예가이며

에 나오는 시어(詩語)로, 바탕을 다듬은 뒤 글씨를 쓴다는 뜻이다.

문인화가이다. 뿐만 아니라 독실한 기독교 신자로서 모 교회를 위해
권사로서 크게 봉사하였다. 아깝게도 하나님께서 그를 너무 사랑하여
너무 일찍 하늘나라로 데리고 가셨다. 선생님께서도 향천을 너무 아
껴서 춘천에 있는 향천의 댁을 두 차례나 방문하셔서 차를 드시면서,
향천의 집을 향(香)카페라고 작명하시면서, 향(香) 자를 한묵으로 써
주셨다. 윤 작가의 부군의 존함은 우목(愚木) 김동흥(金東興)이며,
1942년 강릉태생으로 선생님의 생가 가까운 동네에 사셨으며, 선생
님 가정과 오랫동안 깊은 인연을 맺고 있다. 김동흥 선생은 서울대
행정대학원 김동건 교수의 6촌 형인 것으로 필자는 알고 있는데, 우
리은행의 지점장을 역임하였으며, 또 모 교회의 장로로 시무하였다.

　　서예를 위시한 예술을 하시는 작가들의 심성은 본래 곱고 또 아
름답다. 그렇지 아니하면 위대한 작품을 창작할 수 없기 때문이다.
5년여 전이라고 생각된다. 강원서학회 박경자 사무국장, 이현순 작
가, 황선희 작가 등이 서울 봉천동 선생님 댁을 방문한 적이 있다.
그때 이 여성 작가들이 사모님을 뵙자마자 사모님 주위에 둘러앉아
손벽 놀이 등을 하면서, 사모님의 건강회복을 위해 노력하는 것을
필자는 직접 목격하였다. 그렇게 마음씨 고운 작가들로 구성되었으
니, 필자는 강원서학회가 앞으로 더욱 성장 발전할 것을 의심치 않
는다.

3.11.3 바른경제동인회 회장 및 명예회장(2004-2022)

'바른경제동인회'는 '경제정의실천시민연합'(경실련)의 상공인 모임으로 출발해서 보다 많은 기업인들이 동참할 수 있도록, 1993년 3월 29일 '재정경제부' 산하 사단법인으로 등록한 뒤, 동년 3월 30일에 창립되었다. 선생님께서는 초대 회장으로 2004년부터 2015년까지 역임하셨으며, 2015년부터 소천하실 때까지 명예회장을 역임하셨다. 선생님께서는 바른 사회, 균형 잡힌 시장경제를 만들겠다는 일념으로 정경유착, 뒷거래를 배격하고 건전한 노사문화, 창의와 기술개발을 통한 소비자 이익, 환경보호 등 이해관계자 이익을 최우선하는 기업문화를 정착시키는 데 앞장 서 왔다. 최근에는 기업의 투명경영, 책임경영, 지속 가능한 경영을 위해 사업자와 근로자가 성과를 공유하는 '성과공유제'를 연구하고 전파하는 데 힘쓰고 계셨다. 지금 현재 김동수 그라비타스 코리아 회장이 바른경제동인회의 회장으로 수고하고 있다.

3.11.4 SK 사외이사(2004-2010)와 한국학중앙연구원 이사장(2005-2008)

선생님께서는 2004년 SK(선경)의 사외이사로 취임하셔서 2010

년까지 SK그룹의 발전에 크게 공헌을 하셨다. 여기서 꼭 한마디 할 말이 있다. 선생님께서 1978~1979년 기간 동안 한국국제경제학회 (KIEA) 초대회장으로 수고하신 것처럼, 필자는 2008년에 31대 KIEA 회장으로 선출되었다. KIEA회장은 KIEA의 일년간 운영경비 (보통 1억원 정도) 전부를 모금해야만 하는 중차대한 의무를 갖고 있다. 성격이 내성적이라 타인으로부터 자금을 빌리지도 못하는 본인이 직접 운영경비를 조달하기는 무척 어려웠다. 그런데 당시 SK사외이사로 계셨던 선생님의 도움으로 필요한 경비를 충당하고도 남을 금액의 자금을 모금하게 되었다. 이와 같이 내가 곤궁에 빠져 있을 때 늘 도와주시는 선생님의 은혜를 어떻게 필설로써 표시할 수 있으랴?

한국학중앙연구원(The Academy of Korean Studies, 약칭: AKS, 한국정신문화연구원의 후속기관)은 1978년 한국학의 진흥과 민족문화의 창달을 목표로 창설되었으며, 우리 민족이 축적해 온 문화와 전통을 연구하고 있다. 환언하면, 한국학은 한국에 관한 다양한 분야에서 한국 고유의 것을 연구 개발하는 학문이다. 즉, 한국의 언어, 역사, 지리, 정치, 경제, 사회, 문화 등을 연구하고 있다. 선생님께서는 한국학중앙연구원의 이사장으로 2005년에 취임하여 한국 문화의 심층 연구 및 교육을 통하여 한국학을 진흥하기 위해 노력하셨다.

3.12 소천 조순 교수 팔순기념문집(2010)

선생님께서는 여러 제자들이 선생님의 회갑과 칠순에 기념문집을 간행하겠다는 염원에 대해 단호히 거절하셨다. 그러나 선생님의 팔순에 맞추어 기념문집을 간행하는데 대해서는 허락하여 주셨다. 그리하여 필자가 간행위원장이 되어 선생님께서 그동안 학자로서 쓰신 주요 논문과 한시(漢詩)와 한묵(翰墨)[18]을 모아 다음과 같은 여덟 권의 소천 조순선생 팔순기념문집(少泉趙淳先生八旬紀念文集)을 2010년에 간행하여 배포하였다.

(1) 이 시대의 희망과 현실(Ⅰ) – 고정관념을 버리고 실사구시(實事求是)로 가자; 비봉출판사 출간; 1,500부를 인쇄 배포.

(2) 이 시대의 희망과 현실(Ⅱ) – 세계의 대세를 보고 진로를 개척하자; 비봉출판사 출간; 1,500부를 인쇄 배포.

(3) 이 시대의 희망과 현실(Ⅲ) – 인본주의로 미래를 열자; 비봉출판사 출간; 1,500부를 인쇄 배포.

(4) 이 시대의 희망과 현실(Ⅳ) – 각계의 여론을 듣고 내 생각을 정리하자; 비봉출판사 출간; 1,500부를 인쇄 배포.

(5) 별책(Ⅴ) – 장기 개발전략에 관한 연구; 비봉출판사 출간; 1,500부를 인쇄 배포.

(6) 봉천혼효(奉天昏曉)[19]삼십년(三十年): 조순 한시집(一); 보고사 출간; 1,500부를 인쇄 배포.

(7) 봉천혼효(奉天昏曉) 삼십년(三十年): 조순 한시집(二); 보고

---

18) 한묵은 붓글씨를 의미함.

19) 혼(昏)은 저녁을 의미하며, 효(曉)는 아침을 의미함. 봉천혼효(奉天昏曉)삼십년(三十年)이란 선생님께서 서울 본가인 봉천동에 사신 30년을 의미함.

　　사 출간; 1,500부를 인쇄 배포.

　(8)　　봉천학인(奉天學人)[20]한묵집(翰墨集);　　서예문인화　출간;

　　　3,000부를 인쇄 배포.

이 문집 출간에 헌신적으로 수고하신 분은 권오춘 국어고전문화원 이사장, 김기승 부산대학교 교수, 김동수 바른경제동인회 회장, 김상남 사장(작고), 박기봉 비봉출판사 사장, 박종안 미국연방준비은행 박사, 서준호 서강대학교 명예교수, 이성희 현마 회장, 좌승희 박정희학술원 원장, 홍용찬 우성해운 사장(작고), 황재국 강원대학교 명예교수(가나다 순)와 필자 등이다. 이 자리를 빌려 이들의 선생님을 위한 끝없는 헌신에 깊고 깊은 감사를 드린다.

────────────

20) 봉천동에 사는 학자 즉 선생님을 의미한다.

이들의 면모를 간략히 소개하면 다음과 같다.

인곡(仁谷) 권오춘 선생은 선생님을 측근에서 보좌한 분으로서, 그는 경기도 양평군 서종면에 아름다운 한옥인 초은당(招隱堂)을 지은 후, 그 중에서 북한강이 보이는 가장 전망이 좋은 방에 선생님의 휘호인 활수서실(活水書室)라는 현판을 붙이고, 선생님께 헌납하였다. 선생님의 한묵집의 모든 원고를 인곡은 지금도 보관하고 있다. 그는 사단법인 국어고전문화원 이사장을 역임하였으며, 현재 해동경사연구소(海東經史研究所) 이사장으로 활동하고 있다. 항상 우리나라의 전통 한복을 입고 다니며, 그가 추는 선비춤은 정말로 일품이다.

인곡 선생은 선생님이 원하시는 곳은 어디든지 그의 고급 자동차인 Benz로 직접 모셔 드렸다. 2010년경에는 인곡 선생은 멀리 경상북도 안동의 퇴계(退溪) 이황(李滉, 1501~1570)의 종택뿐만 아니라[21], 퇴계의 형인 삼백당(三栢堂) 온계(溫溪) 이해(李瀣, 1496~1550)의 종택 복원사업장까지[22] 손수 그의 고급 승용차를 몰면서 선생님과 필자에게 왕복 ride를 해준 적이 있다.

또 인곡 선생은 2004년 경에 선생님을 모시고 중국 산동성 곡부(曲阜)에 있는 공자의 사당과 가까이에 있는 맹자(孟子)묘와 맹자모친의 묘소를 방문하였는데, 참배시 입을 도포(道袍)와 유건(儒巾)을 안동서 미리 준비해 다 갖고 가서 선생님을 크게 감동시킨 바 있다. 증권업으로 상당한 재산을 모은 인곡 선생은, 2000년에 안동 광산김씨

---

21) 선생님께서는 퇴계 이황의 15세 종손인 이동은(李東恩) 선생을 조문하러 가셨다.

22) 선생님께서는 삼백당 온계 이해의 종택을 복원하는 기공식에 참석하셔서 삼백당을 위한 한묵을 쓰셨다.

(光山金氏) 구담(九潭) 입향조(入鄕祖)[23]인 담암(潭庵) 김용석(金用石) 선생의 종택(宗宅)을 매입하여, 구담정사(九潭精舍)로 아름답게 단장하였다.

김기승 교수는 필자의 한국외대 제자로서 미국 Illinois대에서 경제학박사를 취득한 후, 부산대학교에서 근무하고 있는 연부역강(年富力强)하고 일취월장(日就月將)하고 있는 중진 교수이다. LG 경제연구원, 국회예산정책처, 청주대학교 등에서 근무한 바 있는 김 교수는 평생 필자를 보좌하였으며, 선생님의 문집 발간에도 필자를 크게 도와주었다.

김동수 회장은 본인의 서울상대 동기동창으로서, 대학 졸업 후 삼성, 동아제약, Pepsi Cola 아시아 담당 부사장 등을 역임하였으나, 1997년 선생님이 한나라당 총재로 취임하자마자 선생님을 그림자처럼 수행한 비서실장이다. 이때 부인과 세 달만 선생님을 도와주

___
23) 어떤 마을에 맨 먼저 정착한 사람이나 조상을 의미한다.

겠다고 약속하였으나, 선생님을 따라 실제로 3년이나 정치활동을 하였기에, 아직도 부인으로부터 원망을 많이 받고 있다고 한다. 선생님의 대선 기간 중 민주당 사무국장으로 선생님을 잘 보좌한 김동수 회장은 바른경제동인회의 대표로 있으면서 선생님을 회장과 명예회장으로 추대하였다.

김상남 사장은 강릉고등학교 출신으로 머리가 천재급이라, 대학 재학 중 그의 어려운 질문 때문에 여러 교수님들이 고초를 당하시기도 하셨다. 서울특별시 시의원으로 명성을 날린 그는 선생님의 대선 기간 중 민주당 사무차장으로 혼신의 힘을 다했다. 김 사장은 8권이나 되는 선생님의 문집을 잘 포장하여 그것을 우송 배포함으로써, 선생님의 팔순기념문집사업에 크게 공헌을 하였다. 그는 그의 무역관련 사업체의 신장으로 상당히 성공하였는데, 유감스럽게도 부모 산소의 추석 성묘 때 감염된 쯔쯔가무시 병으로 수년 전에 작고하였다.

박기봉 비봉출판사 사장은 선생님의 선거 때마다 성심으로 도와준 필자의 고등학교와 대학교의 동기동창이다. 그는 선생님의 팔순 문집 중 다섯 권을 매우 아름답게 잘 발간하여 주었다. 박 사장에 대해서는 필자가 특별히 감사할 것이 있다. 박 사장은 상과대학 졸업후 농협의 대리로 특채되었다. 매우 유능한 그가 만약 농협에 계속 근무하였다면 농협중앙회 회장이 되고도 남았으리라. 그러나 그는 그 자리를 박차고 나와 어려운 출판사라는 문화사업을 시작하였으니, 그동안 얼마나 많은 고생을 했겠는가? 그러나 필자와 같은 교수에게는 정말로 너무나 고마운 존재이다. 왜냐하면 그로부터 보물과 같은 책들을 거의 무료로 제공 받았으니, 그가 조국의 문예 진흥에 바친 공헌은 필설로 표현할 수 없으리라 판단된다.

박종안 박사는 평생 미국 연방준비은행에 근무했기에, 영어에 능통하다. 그리하여 선생님 문집 중에서 영어로 서술된 선생님의 원고들을 수정 보완하여 주었다.

서준호 교수는 서강대 교수직을 그만둔 후 아버님의 가업인 숭문고등학교의 교장을 역임하였으며, 선생님의 임명으로 서울시정개발연구원 원장을 역임했다. 이 문집 발간에는 회계 담당으로 수고해 주었다. 선생님께서는 서 교수를 명경지수(明鏡止水)와 같다고 늘 평하였는데, 그는 선생님의 서울특별시 시장 재임시와 대선 선거운동 기간에도 선생님을 잘 보좌하여 주었다.

이성희 회장은 퇴계 이황 선생의 16대손(현 종손 이근필 선생의 사촌 동생임)으로 무역업으로 큰 기업을 이루었으며, 모교인 한국외대 학생을 위해 30억 원 규모의 장학기금을 기부하였다. 그 공로를 인정받아 한국외대로부터 명예 경영학 박사를 수여받았다. 특히 도산서원 원장을 역임하신 선생님의 학문과 인격을 흠모하여, 일천만 원이라는 거액을 선생님 팔순 문집 발간을 위해 쾌척(快擲)하였다. 뿐만 아니라 필자가 2008년 한국국제경제학회(KIEA) 회장으로 시무할 때도 거금 일천만 원을 기부하셔서 KIEA 발전에 지대한 공헌을 하였다.

한국경제연구원장, 경기연구원장, 박정희대통령기념재단 이사장 등을 역임한 좌승희 박사는 본 문집 발간을 위한 모금과 편집에 필자를 크게 도와주었다.

　　우리나라 해운업의 국제경쟁력 확보에 크게 기여한 홍용찬 우성 해운 사장은 선생님의 대선 때부터 선생님을 위해 크게 헌신하였다. 이렇게 선생님께 끝없는 충성을 보여준 홍 사장은 선생님의 문집발 간에도 본인을 많이 도와주었다. 또 필자가 2008년 한국국제경제학 회(KIEA) 회장으로 시무할 때도 거금을 기부하셔서 KIEA 발전에 큰 공헌을 하였다. 대단히 슬프게도, 홍용찬 사장은 수년 전 서울대 병 원 입원 중 의료사고(medical malpractice)로 의식을 잃고 고생하다 가 2021년 12월 9일에 작고하셨다.

　　중관(中觀) 황재국 전 강원대 교수는 한문학 박사이면서 저명한 서예가로, 강원도에 많은 금석문(金石文)을 남기고 있다. 선생님의 문 집중 봉천학인한묵집은 완전히 그의 편집에 의해서 이루어졌다. 이 를 위해 전국 방방곡곡을 찾아다니면서 선생님의 한묵들을 사진 찍 었다. 특히 북한산성에 있는 선생님의 현판 글씨를 사진 찍기 위해 생명의 위험도 불사하 였다. 강원서학회의 핵 심 회원으로서, 선생님 의 수많은 한묵을 강원 서학회　정기회원전에 출품시켰다. 매사에 적 극적인 황 교수를 선생 님께서는 특히 사랑하

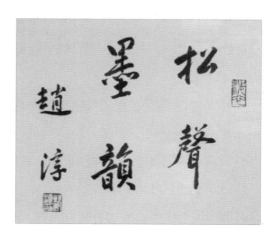

였으며, 황 교수의 과감한 제안에 대해 선생님께서는 웃으시면서 **"나는 황 교수에게 늘 항복한다."**고 말씀하셨다.

중관 선생이 사는 춘천 소양강 가에 있는 그림 같은 아파트인 지근당(至勤堂)에 가면 수많은 편액 가운데 **"송성묵운(松聲墨韻, 소나무의 소리와 묵의 운율)"**이라는 선생님의 친필 한묵이 있다. 이 한묵은 선생님께서 중관 선생이 지도하는 한림대 서예동호인 모임인 송묵회(松墨會)에 오셔서 쓰신 글이라고 한다. 물론 이 한묵은 송묵회의 뜻을 해석하면서 이 모임의 발전을 기원하는 선생님의 글이다. 그러나 자세히 보면 선생님께서 중관 선생을 얼마나 사랑하고 아끼셨는지를 당장에 알 수 있다. 소나무는 우리나라의 대표적인 나무이니 우리나라 고유의 문화를 의미하는 것이 아닐까? 또 묵을 사용한 모든 한묵 속에 있는 한시에는 운율(rhyme)이 있다. 그러므로 선생님께서는 우리나라의 중진 한문서예가인 중관 선생이 지도하는 송묵회 방이 우리나라 고유의 전통 소리(문화)와 한시의 운율로 가득 차 있다는 것을 말씀하시면서 중관 선생을 치하하고 있는 것이 아닐까 하고 필자는 생각한다. 그리고 선생님은 황 교수의 정년퇴임 때도 송공(頌功) 휘호를 써주셨다.

이 여덟 권의 문집을 간행하기 위하여, 선생님의 제자 및 지인들이 1억 3천 8백만 원 정도를 기부하였다. 어려운 가운데도 기부하여 주신 이들에게 심심한 감사의 마음을 표해 드린다.

마지막으로 이 문집뿐만 아니라 선생님의 모든 일에 지난 22년 동안 헌신적으로 봉사한 사람이 있으니, 이 분이 바로 선생님의 수행

비서인 신왕승(辛旺承)비서이다. 신 비서는 이미 그 나이가 70대 중반이 지났는데도 불구하고 지난 22년 동안 늘 선생님의 비서로서 최선을 다 하였다. 특히 선생님의 건강이 악화되기 시작한 2021년 연말부터는 온갖 궂은일을 마다하지 않고 묵묵히 수행하였다. 선생님께서 임종하시기 한 달여 전인 2022년 5월 6일에 쓰신 마지막 육필도 신 비서에게 쓴 것이다. 그리고 최근 9월 15일 강원도민일보의 목요단상이라는 칼럼에 "고 조순 박사님의 고향 사랑"이라는 제목 하에 선생님을 근거리에서 수행하며 겪은 여러 가지 아름다운 일들을 자세히 서술하였다. 이 자리를 빌려 선생님을 위한 신 비서의 끊임없고 헌신적인 노고에 진심으로 감사를 드린다.

이 절을 마치기 전에 선생님께서 고봉(高峯) 기대승(奇大升, 1527~1572)에 대해 쓰신 한시를 소개하고자 한다. "봉천혼효(奉天昏曉) 삼십년(三十年): 조순 한시집(二); 보고사 출간"의 212페이지를 보면, 선생님께서 2007년에 지으신 기고봉 선생에 대한 한시가 있다. 이를 그대로 여기에 옮기면 다음과 같다.

○ 奇高峯 先生

通儒憂道不憂貧　　통유우도불우빈[24)

取義成仁任自身　　취의성인임자신

行己大方機勢死　　행기대방기세사[25)

生平出處一依眞　　생평출처일의진

○ 기고봉 선생

통달한 대학자는 도는 걱정하되 가난 걱정한 적 없어

의(義)를 취하고 인(仁)을 이룸을 자신의 임무로 삼은 분.

조정에서 처신한 큰 방향은 기(機) 세(勢) 사(死)의 세 가지.

평생을 통해 나아가고 물러감은 한결같이 참진(眞)자 하나.

〈이상 "봉천혼효 삼십년: 조순 한시집(二); 보고사 출간"에서

인용〉

　　필자의 견해로는, 선생님께서 기고봉에 대해 쓴 한시는 바로 선

생님 당신 자신에 해당된다고 판단된다. 선생님께서는 한 평생 가난

---

24) 통유(通儒): 통달한 선비. 여기서는 기고봉 선생을 말함. 퇴계 선생이 벼슬을 그만
　　두고 조정을 물러날 때 선조 임금을 뵈었다. 선조 임금이 퇴계 선생에게 물었다.
　　"조정에서 학문이 뛰어난 사람이 누구요?" 선생이 아뢰었다. "기 아무개라는 사람
　　이 있어 글에 통달하고, 성리학에도 조예가 있사오니, 가위 〈통달한 선비〉라 할 만
　　하옵니다."

25) 행기대방(行己大方): 몸을 행하는 큰 방향. 고봉 선생이 벼슬을 그만두고 남으로
　　돌아갈 때, 한강 건너는 배에서 어떤 이가 물었다. "사대부가 조정에 들어가서 종
　　신토록 마음속에 간직해야 할 것이 있다면 무엇입니까?" 선생이 대답했다. "일의
　　기틀, 나라의 대세, 그리고 죽음의 모양, 이 세 가지면 됐지."

(물질적 빈곤)에 대해 걱정하지 아니하시고, 항상 선비의 도를 성취하시는 데만 노심초사(勞心焦思)하셨다. 항상 불의(不義)에 항거하고 의(義)를 취하셨고, 특히 제자들을 사랑하는 인(仁)을 이룩하시기 위해 평생 노력하셨다. 또 선생님께서 경제부총리와 한국은행 총재로 헌신하실 때, 하시는 일의 기틀(framework)과 조국의 대세(발전)를 위해 일하셨으며, 그만두실 때는 머뭇거리지 않고 과감하게 사퇴를 하셨다. 정계에 계실 때나 또 정계를 은퇴하신 후에도 똑같이 하셨다고 확신한다. 평생을 통해 모든 일에 진퇴하심에 있어 한결같이 선생님 마음 그 깊은 속에 내재되어 있는 진실(眞實) 혹은 양심(良心)에 따라 움직였으리라 확신한다. 선생님께서는 필자에게 **"세상에서 제일 무서운 것은 당신의 마음속에 있는 양심이다."** 라고 늘 말씀하셨다. 그러므로 기고봉에게 봉헌한 선생님의 한시는 바로 **'선생님께서 구십네 해 동안 살아오신 당신의 인생 전체'** 를 가장 잘 묘사한다고 필자는 확신한다.

3.13 선생님의 인생의 황혼기(2010-2022)

3.13.1 선생님의 황혼기

선생님께서는 2010년에 제자들로부터 팔순기념문집을 받으신

이후에도 쉬지 않고 연구와 창작활동에 매진하셨다. 선생님의 고령 때문에 그만 쉬시라는 주위 분들의 간청도 선생님께서는 외면하셨다. "이제 선생님의 건강을 위해 연구는 그만하시고 좀 편히 쉬십시오."라고 필자가 간청하면, "쉬면 병이 난다. 힘이 다 할 때까지 배우고 생각하며, 마음 편하게 하던 연구를 계속 하고 싶다."라고 늘 말씀을 하셨다.

　　필자가 알기로는 선생님께서는 영국에서 발간되는 영문 경제전 문지인 'Financial Times'지와 중국공산당의 기관지인 인민일보 (人民日報)를 수십 년간 구독하시며, 매일 그 신문들을 통독하셨다. 한국의 다른 경제학자들은 영어와 한문과 경제학 지식이 부족해서 선생님을 흉내 내기가 매우 어렵다고 생각된다.

여전히 경제사상연구회에 참석하시고, 연구논문을 쓰시고, 한시도 많이 창작하셨다. 그리고 지인들이 한묵을 써 달라고 부탁하면 기꺼이 써 주셨다. 한 예를 들면, 선생님께서 서거하시기 2년 전에 필자의 동기인 서울대 민상기 교수가 선생님께 한묵을 써 달라고 부탁하자 "성신평생(誠信平生)"이라는 한묵을 기꺼이 써주셨다.

선생님께서는 이제 남은 여생이 얼마 되지 않는다는 것을 잘 아시고 더욱 더 학문 연구에 당신의 육적이고 정신적인 체력을 천천히 그리고 다 소진하고 계셨던 것 같다.

3.13.2 필자의 정년퇴임(2013)

필자는 2013년 8월 말 본인이 29년 6개월 동안 근무한 한국외대를 정년퇴임하였다. 정말로 나의 인생의 황금기 모두를 한국외대의 발전을 위해 바쳤다고 할 수 있다. 정년퇴임에 앞서, 2013년 6월 말 경에 한국외대 본관 13층에 있는 스카이라운지 식당에서 필자를 위한 정년퇴임식이 조촐히 거행되었다. 한국외대 박철 총장과 많은 동료 교수들을 위시하여, 서울상대 동기생인 서준호, 이영선, 정운찬 등과 나의 큰형인 김하진(아주대 명예교수)도 참석해 주었다. 또 보건사회부 장관을 역임한 동료 교수인 최광 박사는 축하 화환을 보내주었다. 특히 나의 평생 친한 친구인 정운찬 전 국무총리는 나의 퇴임을 위한 축사를 해주었다. 그날 필자의 정년퇴임을 축하하기 위해 참석한 모든 하객들에게 이 자리를 빌려 진심으로 감사를 드린다.

필자는 그 당시 정년 후 내가 갈 행로를 진지하게 모색하였는데, 필자가 1981년 여름 미국 콜럼버스 한인교회 새벽 기도회에서 하나님께 **"나한테 경제학 박사학위를 주시면 오직 하나님의 영광을 위해 헌신하겠다."** 는 나의 서원 기도가 번개처럼 나의 머리를 스쳐 지나갔다. 그동안 이 이유 저 이유로 지키지 못한 하나님과의 약속을 이번에는 꼭 지키겠다는 생각으로, 중국 연변 조선족 자치구 내 연길시에 있는 연변과학기술대학교(이하 연변과기대로 약함)에 교수 겸 선교사로 자비량(自備糧)으로 봉사하는 것이 가장 필자한테 적절하다고 판단하였다.

연변과기대는 김진경(한국계 미국인) 총장이 주로 서울에 있는 소망교회와 사랑의 교회의 헌금과 재정지원으로 1992년 9월 16일에 개교한 최초의 중외합작 대학이다. 위에서 언급한 바와 같이, 필자가 미국 Ohio주립대에서 공부할 때, 필자를 영적으로 잘 인도해 준 장윤삼 박사(필자의 서울상대 동기생인 이영선 박사의 자형)가 이미 그 대학에서 수십 년 동안 교수 겸 선교사로 봉사하여 온 터라, 필자로서는 가장 적절한 퇴임 후 직장이라고 판단하였다.

이미 2012년 여름에는 연변과기대에 필자의 연구논문 발표를 위해 방문하였기에, 2013년 7월과 8월에는 직접 이 대학교 상경학부 학생들에게 국제금융론을 영어로 강의를 하였다. 학생들은 대부분 조선족 학생들로서 상당히 우수하여 영어로 하는 필자의 강의를 잘 이해하고, 중간고사와 기말고사에도 좋은 성적을 보여 주었다.

다만 필자는 위에서 말한 바와 같이, 말레이시아 Kuala Lumpur에 있는 말라야대학교(University of Malaya, 이하 UM으로 약함) 동아시아학과 한국학 program은 본인이 창설하였기에, 이 program의 개발 발전을 위해 이미 2013년 9월부터 2015년 9월까지 초빙선임연구위원(Visiting Senior Research Fellow)으로 이미 초청 되었기에, 당장에 연변과기대에 근무하는 것은 상당히 곤란하였다.

그래서 김진경 총장에게 반드시 2015년 9월에 와서 평생 연변과 기대에서 근무하겠다고 철석같이 약속하고 2013년 9월 초에 Kuala Lumpur로 향하였다.

마지막으로 필자가 일평생을 몸 바쳐 헌신 봉사한 한국외대와 타 대학에서 박사 학위를 받은 제자들의 명단과 직장을 열거하면 다음과 같다.(가나다 순)

김기서 박사(한국외대)---한국생산성본부(KPC), 국민은행과 중소기업은행에 근무

김기승 박사(Illinois대)---한국외대 석사, 부산대학교 교수

김성철 박사 (한국외대)---KIET 근무, 청운대 교수

김정인 박사(한국외대)---국민은행 근무, Korea Credit Bureau 부사장 역임

김종욱 박사(Oregon대)---한국외대 석사, San Francisco대 Santa Rosa 교수

노충욱 법무박사(Illinois대 법학전문대학원 Juris Doctor)---

한국외대 학사, 법무법인 지평 외국변호사

박수철 박사(한국외대)---KPC 근무

윤치호 박사(한국외대)---MNM Research 상무

이성규 박사(영국 Southampton대)---한국외대 석사, 안동대
학교 교수

이한상 박사(인도 Nehru대)---한국외대 석사, 성심외국어대
학 교수 역임

조병탁 박사(한국외대)---KPC 근무

조중훈 박사(Texas대)---한국외대 석사, 체코 프라하
Charles대 교수 역임

차은영 박사(California대 San Diego)---이화여대 학사, 이
화여대 교수

최병용 박사(Temple대)---한국외대 학사, 미국 Howard대 교수

최영순 박사(연세대)---이화여대 학사, 이화여대와 연세대 강
사 역임

최형선 박사(Iowa대)---한국외대 학사, 경희대 교수

Julia Lim Pai Liew 박사(서울대)---Malaya대 학사,
Kebangsan Malaya대 교수

Tan Soo Kee 박사(서울대)---Malaya대 학사, Malaya대 교수

필자의 지도로 한국외대나 타 대학에서 석사 학위를 받은 제자
들의 명단과 직장을 요약하면 다음과 같다.(가나다 순)

곽선호(금융연구원), 구희진(대신증권), 길기윤(Tetrapak), 김병우(Premium Assets보험사), 김부식(매일경제 경제경영연구소), 김수원(대한생명 근무), 김창주(하나은행 근무), 배동분(KPC, 귀농 작가), 서은영(미국 Arizona주립대 경영학 석사, Thunderbird School of Global Management, JP Morgan 홍콩지점 근무), 이내현(한국 NCR), 이우석(미국 Arizona주립대 경영학 석사, Thunderbird School of Global Management, Canadian Imperial Bank of Commerce 홍콩지점), 조형석(SC제일은행), 차학수(미국에서 자영업), 최연식(우리은행 근무), 피재황(세무사), 홍성종(미국 Florida주 정부 관리), 홍성호(변호사) 등이다.

또 한국외대를 졸업한 후 아직도 필자와 긴밀한 관계를 유지하고 있는 두 제자가 있으니, 바로 강승수(Sri Lanka에서 무역 업무을 하다가 1988년에 New York에 와서 수입상을 경영하고 있음)과 김수열(무역협회 회장실에서 근무하다가, 지금은 호주 Sydney에서 수입상을 경영하고 있음)군이다. 이들과는 거의 매일 카톡으로 서로의 소식을 주고받아, 필자의 고독한 미국생활에 큰 위안을 주고 있다.

3.13.3 필자의 말라야 대학 근무(2013-2015)

2013년 UM으로 온 필자는 무척 바쁜 일과가 시작되었다. 한 학

기에 2~3개 한국학 과목(한국경제, 한국 사회와 문화, 한국역사, 동아
시아 근대화 과정, 기초통계학 등)을 강의해야 할 뿐만 아니라, 일 년에
2편의 논문을 SSCI(Social Science Citation Index)급 학술논문집에
발간하는 것이 계약조건이었다. 강의를 하는 것은 전혀 문제가 되지
않았으나, 문제는 논문을 쓰는 것이었다. 필자는 평생 논문을 써 왔
기 때문에 큰 어려움 없이 할 수 있으리라 판단하였는데, 필자가 크
게 간과한 것이 하나 있었다. 한국외대에서는 필자의 우수한 조교들
이 자료수집 및 컴퓨터 작업을 다 해 주었지만, UM에서는 그러한
조교가 없어 이 모든 것을 필자가 해야만 했다. 근시와 노안을 동시
에 갖고 있는 나에게는 PC 작업이 몹시 힘들고 괴로웠다. 그러나 어
떻게 하랴? 그저 열심히 하는 것밖에는 해답이 없었다. 아마 이 기간
동안 필자가 일평생 동안 가장 열심히 공부하였던 시절이라고 할 수
있으리라. 그때 필자가 SSCI급 학술논문집에 발간한 주요 논문 2편
을 소개하면 다음과 같다.

"Determinants of South Korea's Intra-Industry Trade
with Her Major Trading Countries in the Manufacturing
Sector," *The Singapore Economic Review*, Vol. 63, No. 3,
Jun. 2018, pp. 731-758, World Scientific Publishing Co., DOI:
10.1142/S021759081 5500915, Co-authored with Byung Tak
Cho.

"Norman   Angell   and   the   Logic   of   Economic
Interdependence Revisited: 1914, 2014," *Asia Europe Journal*,

Jun. 2015, Springer, DOI: 10.1007/S10308-015-0428-8,
Co-authored with Er-win Tan & GiSeung Kim.

2년 후 이 UM의 모든 조건을 충족시키니 동아시아학과 과장인
Dr. Asmadi가 몹시 기뻐하면서 필자의 체재 연장신청을 강력히 추
천하였다. 그러나 연변과기대의 김진경 총장과의 약속도 있고, 또 더
이상 있으면 필자가 천수를 누리지 못할 것 같아, 서둘러 2015년 9
월 초에 귀국하였다.

3.13.4 필자의 한국외대 시간강사 근무(2015-2018)

한국외대는 정년퇴임한 교수들에게는 퇴임 후 5년 동안 시간강
사로 근무할 수 있는 특전을 주고 있다. 필자는 2015년 9월 귀국하
자마자 한국외대 국제통상학과에서 미시경제학을 영어로 강의하기
시작하였다. 그리고 연변과기대의 김진경 총장과의 약속을 지키기
위해 남포교회의 최태준 담임목사의 승인을 받고 선교사로 가기 위
한 준비를 하는 동시에, 연변과기대에 접촉하여 빨리 연길로 가기 위
한 준비를 시작하였다.

아! 그러나 이것이 무슨 변고인지? 연변과기대 교수들이 수업과
동시에 학생들에게 기독교를 전파하는 선교사의 일을 그동안 비밀리
에 수행하고 있었다. 물론 중국 당국에 발각되면 일주일의 여유를 주

고 한국으로 강제로 추방해 왔다. 그러므로 학생들에게 매우 교묘하게 선교하는 것이 매우 중요하였다. 그러나 이것이 근절되지 않자 시진핑 중국 공산당주석이 연변과기대를 폐교하라는 명령을 내렸는데, 2015년부터 한국으로부터 교수의 입국을 완전히 금지하고 말았다. 종국에 가서는 중국 정부의 명령으로 연변과기대는 2021년 6월에 폐교되고 말았다.

필자는 여기서 매우 큰 것을 깨닫게 되었다. 하나님의 영광을 위해 살겠다고 해놓고 요리조리 피하면서 세상 환락을 다 누리고, 이제 세상에서 별 필요가 없는 존재가 된 지금에서야 선교사로 봉사하기로 지망했으니, 분명히 하나님께서 격분하셔서 필자의 선교사가 되려는 미래의 행로를 차단하였으리라 판단된다.

UM에서 혹사를 당하고 돌아온 필자에게는 신체의 변화가 감지되었다. 상당히 자주 소변을 보고, 특히 소변을 보는 것이 상당히 힘이 들었다. 서울대 분당병원에 가서 PSA(Prostate-Specific Antigen; 전립선 암을 검사하는 혈액검사) 검사를 해보니 수치가 4를 넘어가는 경우가 많았다. 그래서 전립선 조직검사를 해보니 필자의 전립선에 암세포가 있다는 것이 발견되어, 2018년 7월에 전립선 암 제거 수술을 받았다. 아마 UM에서 심한 스트레스를 받아 가며 논문을 쓴 것이 전립선암을 유발하였으리라 판단된다.

그러나 2018년 1학기 강의를 마치니, 필자의 나이가 만 70을 넘었기 때문에 더 이상 한국외대에서 강의를 할 수 없다는 통고를 받았다. 그리하여 필자는 졸지에 아침에 일어나도 갈 곳이 없는 완전한

실업자로 전락되고 말았다. 그때 필자가 느낀 상실감과 허무한 마음
은 정말로 표현하기가 어려웠다.

3.13.5 필자의 미국 생활(2018-2022)

그 당시 필자의 둘째 딸 김주영과 셋째 딸 김혜영은 모두 결혼하
여 Queens, New York과 Edgewater, New Jersey에 각각 살고 있
었다. 김주영에게는 손자와 손녀 한 명씩 있었고, 김혜영에게는 쌍둥
이 손자 둘이 있었다. Pennsylvania대 치과대학과 Pacific대 치아교
정 전문의 과정을 졸업한 김주영의 남편(Brian Lee)은 이미 치과병원
을 개업하고 있었다. 김혜영의 남편(Kevin Kim)은 Dartmouth대 경
영대학원을 졸업한 후 McKinsey라는 consulting firm에 근무했는
데, 일주일 중 나흘은 미국에서 가까운 중남미 국가인 Jamaica로 출
국해서 일해야만 했다. 결국 업무가 과중한 두 딸을 도와주기 위해
미국으로 이주 신청을 하여, 2018년 9월 20일에 뉴욕에 도착하였다.

필자는 새로운 직장을 구하기 위해 미국에 있는 많은 대학에 교
수 job을 지원하였으나 오직 몇 군데 대학하고만 job interview를 하
게 되었다. 특히 New Mexico대는 필자한테 관심이 많아, 2018년
AEA(American Economic Association, 미국경제학회) Atlanta
Conference에 직접 나를 초청하여 job interview까지 하였다. 그러
나 필자의 나이가 너무 많다는 이유로 결국 채용되지 못하였다.

　　미국 대학에서도 직장을 구할 수 없음을 확인한 필자는 그 후 뉴욕시 근교에 있는 Old Westbury에 살고 있는 둘째 딸 집에서 아내와 함께 손자 손녀를 돌보며, 매일 감사하는 생활을 하고 있다. 교회 생활은 훌륭한 조원태 목사가 시무하는 Queens의 **뉴욕 우리교회**를 다니면서 은혜로운 신앙생활을 하니, 하나님의 은혜에 감사할 뿐이다.

　　또 감사할 것이 하나 더 있다. 2007년에 필자의 승용차의 급발진 사고로 필자는 크게 다쳐 생명이 위독할 뻔했다. 다행히도 안전벨트를 메고 있었고, 에어백(air bag)이 작동하여, 머리와 가슴 부분은 전혀 다치지 않았지만, 부서진 차체 앞부분이 내 오른쪽 무릎을 치는 바람에, 오른쪽 다리를 깁스하고 crutch를 집고 다녀야만 했다. 그때는 필자의 나이가 환갑 이전이라서 무릎 통증도 견딜 만했는데, 나이가 들수록 보행이 불편하고 통증이 심해져서 2020년 9월에는 왼쪽 무릎을 인공관절로 대체하는 수술을 받게 되었다. 또 2022년 2월에는 오른쪽 무릎도 인공관절로 대체하는 수술을 받았다. 그리하여 지금은 양 무릎의 통증 없이 조심스럽게 보행할 수가 있어 정말로 하나님께 감사를 드린다.

제 4 장

선생님의 서거
(2022)

제4장 선생님의 서거(2022)

선생님의 건강은 필자가 2021년 9월 봉천동 자택을 직접 찾아 뵌 이후 점점 악화되어, 2022년 4월 이후에는 송파구 풍납동에 있는 아산병원에 입원과 퇴원을 반복하셨다. 5월 15일 스승의 날에는 상당수의 제자들이 서울 관악구 봉천동 생가를 방문하고자 하였으나 선생님의 건강 악화로 무산되고 말았다. 필자는 뉴욕에서 통화를 시도하여 겨우 몇 마디만 선생님과 대화할 수 있었다. 당신의 소천을 예견하신 선생님께서는 6월 21일경 장남 조기송 사장에게 장례는 화장으로 하되 최소한 간소하게 3일 장으로 하고, 고향 선산에 매장할 것을 유언으로 남기셨다. 그리고 다시 일어나시리라는 우리들의 간절한 소망을 뒤에 두고, 선생님께서는 6월 23일 새벽 3시 20분에 서거하셨다.

필자가 가장 한스럽게 생각하는 것은, 필자가 뉴욕에 있었기 때문에 선생님의 임종을 지켜보지 못한 것이다. 필자는 선생님께서 그동안 상당히 건강하셨기에 적어도 연말까지는 살아 계실 것이라고 확신을 했었다. 그러나 그러한 확신은 여지없이 깨지고, 선생님께서는 다시 못 오실 그 길을 너무나 일찍 그리고 빨리 떠나가 버리셨다.

선생님께서 화장을 하라고 유언하신 것은, 당신께서 평소에 존경하던 중국의 주은래(周恩來) 총리의 장례를 많이 염두에 두신 것 같다. 선생님께서는 생시에 필자에게, 주은래는 사망 시 화장을 한 후 비행기로 그 유해를 중국의 공중에서 뿌렸다고 여러 번 말씀하셨기 때문이다. 그러나 선생님께서는 화장한 유해를 매장할 것을 부탁하셨는데, 그것은 선생님께서 평생 신봉했던 유교의 공맹사상(孔孟思想: 즉 충효사상)에 연유한 것 같다. 적어도 화장된 유해를 선산에 매장함으로써 가족, 친지 및 제자들로 하여금 길이길이 참배할 수 있도록 허락하신 것이다.

특히 간소히 3일장을 하면서 일체의 조의금을 받지 않도록 하신 것은, 추모객들에게 전혀 폐를 끼치지 않으려는 선생님의 청렴결백

한 생활신조에 연유한 것이라 확신한다.

선생님께서 영면하시는 산소는 선생님께서 소유하신 선산의 정
상에 있다. 원래 선생님의 선산은 상당히 큰 산이었는데, 지금 크게
축소된 것은 2002년 8월 31일에 한반도를 강타한 태풍 루사와 관련
이 있다. 사망·실종으로 246명의 인명 피해와 5조 원이 넘는 재산
피해를 발생시킨 태풍 루사 때문에 선생님의 고향 학산리에는 상당
히 많은 양의 토사가 유출되었다. 수재민들은 유출된 토사를 보충하
기 위해 선생님의 선산의 흙을 쓰기를 간절히 소망하였다. 고향 학산
리를 너무나 사랑하는 선생님은 즉시 허락하셔서, 선생님 선산의 반
이 사라지게 되고, 그 사라진 선산의 지목도 산에서 잡종지로 변하게
되었다. 선생님께서는 이곳을 삼등분하여 차남 조준 의사와 삼남 조
건 사장과 사남 조승주 교수에게 분배하였고, 선생님의 생가는 장남
조기송 사장에게 분배하셨다.

이곳에 차남과 삼남은 아름다운 집을 지었고, 사남의 땅은 지금
선생님의 기념공원으로 조성되고 있다. 사라지지 아니한 선산의 높
이는 20여m가 되는데, 그 정상에 선생님의 산소가 있다. 나 같이 보
행이 불편한 자도 잘 올라갈 수 있도록 난간과 손잡이 기둥이 있다.
선생님의 산소에서 동쪽을 바라보면 동해가 보이고, 남동쪽을 보면
만덕봉이 보이고, 남남서쪽을 보면 칠성산이 보인다.

이렇게 산자수명한 학산리 생가와 두 아들이 사는 집 바로 옆에
있는 동산 정상에 선생님께서 영면하신다는 것은, 정말로 조상 대대

로 살아온 학산리를 돌아가신 후에도 잘 보호하시겠다는 선생님의 굳은 의지를 감지해 볼 수 있다.

여기서 필자는 선생님께 정말로 죄송한 일이 하나 있다. 필자가 한국으로 잠깐 귀국해서 선생님을 찾아뵈면, 선생님께서는 밤에는 매우 외롭다고 말씀하셨다. 선생님의 평생 반려자이신 사모님께서는 노환으로 5년여 전부터 수원에 있는 Noble County에 계신다. 낮에는 신왕승 수행비서와 파출부 아주머니가 옆에서 시중을 드니 괜찮겠지만, 밤에는 선생님의 그 큰 집에 홀로 계셨으니 아무리 고독에 익숙하셨고 잘 견뎌온 선생님이라 할지라도, 얼마나 힘이 드셨을까? 하룻밤이라도 옆에서 시중을 들지 못한 것이 정말로 후회가 되고 천추의 한이 된다.

그러나 하나 조그만 위로가 있다. 필자는 지난 50여 년간 선생님의 생신일인 음력 1월 10일이면 꼭 찾아뵙고 조그마한 선물을 드리곤 하였다. 2022년 생일에는 화사한 봄옷 티셔츠 두 벌을 미국에서 보내드렸는데, 선생님께서 너무 좋아하셔서 매일 교대로 갈아입으셨다고 한다. 선생님의 하해와 같은 은혜에 비하면 아무 것도 아니지만, 선생님께서 즐겨 입으셨다니 정말로 선생님께 감사를 드린다.

2020년   2月 24日 (月)

오늘은 오빠 뵈오러
봉천동에 왔읍니다。
오빠의 건강 (강건) 하신 모습을
비오니 한결 마음이 놓이고
가벼웁니다、
아주머니가 점심식사를 참 잘해
줘서 맛있게 먹고
김승진 교수님께서 오빠에게
잠옷과 가운을 사 보내서 (미국에서)
반갑게 받아 입으시고 사진을 찍었
읍니다。
오빠의 꿋꿋하시고 한결 같은 모습。
항상 저에게는 큰 울타리고
담고 싶은 모
八旬을 훌쩍
오빠가 계시
어린 사람이지
모쪼록 건강하
보내시길 기원

제 5 장

결 어

제5장 결어

선생님은 한학에 능통하셨을 뿐만 아니라 Mr. Clean이라는 별명처럼 청렴결백하셨으며, 항상 겸손하셔서 구시대의 전형적인 선비라 할 수 있다. 그리고 선생님께서는 선진 구미경제학과 영문학에 타의 추종을 불허하시는 대한민국이 탄생시킨 최고의 선진 학자임이 분명하다. 이런 점에서 선생님은 구시대의 동양학문과 신시대의 서양학문 모두를 완전히 체득하여 그것들을 독자적으로 융합시킨 대한민국 최대의 학자임이 분명하다.

존경하는 선생님은 생노병사(生老病死)라는 자연의 법칙에 따라 우리 곁을 떠나가셨지만, 우리는 선생님을 보내지 않았다. 그의 위대한 세계관과 심오한 학문은 우리 뇌리와 가슴 속에 깊이깊이 낙인 되어 길이길이 우리 곁을 떠나지 않을 것을 확신한다.

우리 제자들이 반드시 해야 할 일은, 선생님의 모든 저서, 한시와 유묵을 다시 잘 정돈 취합하여, 두고두고 미래 세대들에게 잘 전수해 주는 것이라고 판단된다. 그리고 우리 제자 모두가 종심소욕 불유구(從心所慾, 不踰矩: 마음이 원하는 바를 따라 해도 법도에 어긋남이 없다)하는 칠십의 나이에 들어선 지 이미 오래다. 그래서 선생님의 모든 가르치심을 모두 숙지하고 준행함으로써, 선생님처럼 종심소욕 불유구의 경지에 빨리 도달할 수 있기를 간절히 빌어 본다.

강원도 강릉시 구정면 어단리에 있는 해발 953m인 칠성산에서 발원한 물은 어단천을 통해 선생님을 위시한 모든 학산리 주민들에게 생명수를 제공하고, 또 선생님과 같은 대한민국 최고의 학자를 배출한 후에, 우회전하여 유유히 동해로 흘러간다. 이 어단천의 맑은 물처럼, 우리도 선생님의 모든 가르치심을 잘 숙지해 가지고 정치적으로 그리고 경제적으로 피폐된 우리 조국 5천만 동포에게 생명수 같은 그의 학문을 전수하면서, 또 제2의 조순 교수와 같은 구국영웅의 탄생을 기다리면서, 서서히 하나님의 품으로 가야만 한다고 다짐해 본다.

1984년에 죽음이란 '영혼과 육체의 분리' 라는 것을 이미 체험한 필자는, 언제 어디서든지 하나님이 부르시면 따라가야만 한다는 것을 잘 알고 있다. 언제 그 일이 필자에게 있을지는 오직 전지전능하신 하나님만이 아신다. 만약 그런 일이 필자한테 일어난다면, 하늘에 계신 존경하는 선생님을 빨리 만나, 그동안 완전히 배우지 못한 선생님의 위대한 학문 세계를 추가로 배우며, 그동안 물어보지 못한 수많은 질문을 선생님께 하고 싶다. 아! 언젠가는 그 만날 날을 간절히 기다리면서 선생님께서 필자에게 명령하신 것을 불완전하게 마치지만, 여기서 펜을 놓고자 한다. 하늘나라에 계신 선생님의 영면을 간절히 빌면서, 이 우둔한 제자가 존경하고 존경하는 선생님께 이 조그마한 책자를 바친다.

소천 조순 교수님 연보

1928. 1. 10(음) 강원도 강릉시 구정면 학산리 출생

학력

강릉중앙초등학교 졸업(1940)

경기고등학교 졸업(1946)

서울대 상과대학 전문부 졸업(1949)

미국 Bowdoin대 졸업, 경제학 학사(1960)

미국 California대(Berkeley) 대학원 졸업, 경제학 박사(1967)

경력

강릉농업중학교 영어 교사(1949-1950)

육군사관학교 수석고문관실 통역장교(1951-1952)

육군사관학교 교수부 영어과 교관(1952-1957)

미국 New Hampshire대 경제학과 조교수(1965-1967)

서울대 상과대학 경제학과 부교수(1968-1969)

서울대 상과대학 경제학과 정교수(1969-1975)

한국은행 조사1부 고문교수(1969-1976)

서울대 사회과학대학 경제학과 정교수(1975-1988)

서울대 사회과학대학 학장(1975-1979)

한국국제경제학회 회장(1978-1979)

대한민국학술원 회원(1981-1985)

다산경제학상(제1회) 수상(1982)

미국 국제경제연구소(Institite for International Economics)
　객원연구원(1987-1988)

대한민국학술원 회원(1987-2022)

부총리 겸 경제기획원 장관(1988-1990)

한국은행 총재(1992-1993)

이화여자대학교 석좌교수(1994-1995)

바른경제동인회 회장(1994-1995)

서울특별시 초대 민선 시장(1995-1997)

민주당 총재(1997)

한나라당 총재(1997-1998)

한나라당 제15대 국회의원(1998-2000)

한나라당 명예총재(1998-2000)

서울대 사회과학대 경제학부 명예교수(2002-2022)

민족문화추진위원회 회장(2002-2007)

대통령 직속 국민경제자문회의 부의장(2003-2004)

강원서학회 고문(2004-2022)

SK 사외이사(2004-2010)

바른경제동인회 회장 및 명예회장(2004-2022)

한국학중앙연구원 이사장(2005-2008)

도산서원 원장

월봉서원 원장

소수서원 원장

도남서원 원장

덕천서원 원장

청조근정훈장(1990)

자랑스러운 서울대인(2008)

국민훈장 무궁화장(2014)

2022년 6월 23일　　별세

필자 김승진 연보

1948. 4. 12 대구광역시 중구 동문동 출생

학력

대구중앙초등학교 졸업(1960)

경북중학교 졸업(1963)

경북고등학교 졸업(1966)

서울대 상과대학 경제학과 졸업 경제학 학사(1970)

서울대 대학원 경제학과 졸업 경제학 석사(1972)

미국 Ohio주립대(Columbus) 대학원 경제학과 졸업 경제학 박사(1981)

경력

한국은행 조사1부 금융재정과 행원(1970-1972)

육군사관학교 교수부 경제학과 교관(1972-1975)

한국개발연구원 연구위원(1981-1984)

한국외국어대학교 국제통상학과 부교수(1984-1989)

한국경제연구원 초빙연구위원(1985-1989)

한국외국어 대학교 국제통상학과 정교수(1989-2013)

국제무역경영연구원 초빙연구위원(1989-2005)

APDC(Asian & Pacific Development Center) 조정관(1990-1993)

세계경제연구원 초빙연구위원(1993-1996)

전국경제인연합회 자문교수(1994-1999)

한국은행 조사1부 자문교수(1995-1997)

Fiji공화국 수상 경제자문관(1995-1996)

방학기간 Malaya대 동아시아학과 초빙교수 및 연구위원(1997-2010)

민주당 정책위원회 의장(1997)

한국외국어대학교 국제지역대학원 원장(1999-2000)

APDC 자문단 의장(1999-2003)

Ohio주립대 경제학과 초빙교수(2001-2002)

Yamaguchi대 대학원 동아시아학과 초빙교수(2002-2003)

한국외국어대학교 경상대학 학장(2006-2008)

한국국제경제학회 회장(2008)

한국외국어대학교 대학원장(2008-2010)

한국외국어대학교 명예교수(2013-현재)

Malaya대 동아시아학과 초빙선임연구위원(2013-2015)

필자 소개
(김승진)

　　대구광역시에서 태어나 경북중고등학교와 서울대 상과대학 경제학과와 대학원 경제학과를 졸업했다. 졸업 후 한국은행 조사1부 금융재정과 행원과 육군사관학교 경제학과 교관으로 근무하였다. 1975년에 미국 Ohio주립대로 유학하여, 1981년에 동 대학에서 경제학 박사학위를 수여받았다. 귀국 후 한국개발연구원 연구위원으로 근무하였다. 1984년 한국외국어대학교 교수로 부임하여 2013년에 정년퇴임을 하였다. 동 대학에서 경상대학장, 국제지역대학원장과 대학원장을 역임하였다.

　　1990~1993년에는 Asian and Pacific Development Center (Kuala Lumpur, Malaysia 소재)에서 Co-ordinator로, 1995~1996년에는 Fiji공화국 수상 경제자문관으로 근무하였다. 이후 1997~2010년에는 Malaya대학교(Kuala Lumpur, Malaysia 소재) 동아시아학과 한국학 program의 초빙교수 및 연구위원으로, 여름과 겨울 방학 때마다 동 대학교에서 근무하였다. 2001년에는 Ohio주립대에서,

2002년에는 Yamaguchi대에서 초빙교수로 근무하였다. 2008년에는 한국국제경제학회 회장을 역임하였다. 한국외국어대학교 정년퇴임 이후인 2013~2015년에는 Malaya대학교 동아시아학과에서 초빙선임연구위원으로 근무하였다. 2018년 이후에는 미국 New York시에 거주하고 있다.

주요 저서와 논문은 다음과 같다.

Pure Trade Theory, Yulgok Books Co., Seoul, Korea, Feb. 2004, 184pp.

"Determinants of South Korea's Intra-Industry Trade with Her Major Trading Countries in the Manufacturing Sector," *The Singapore Economic Review*, Vol. 63, No. 3, Jun. 2018, pp. 731-758, World Scientific Publishing Co., DOI: 10.1142/S02175908155 00915, Co-authored with Byung Tak Cho.

"Norman Angell and the Logic of Economic Interdependence Revisited: 1914, 2014," *Asia Europe Journal*, Jun. 2015, Springer, DOI: 10.1007/S10308-015-0428-8, Co-authored with Er-win Tan & GiSeung Kim.

헌사: 스승과 제자의 참된 길을 제시하다
(김기승. 부산대 경제학부 교수)

1. 서언

소천 조순 선생님은 나의 스승인 김승진 선생의 은사님이시다. 나는 지난 나의 인생 여정에서, 조순 선생님과 김승진 선생 사이에서처럼, 스승의 깊고 아름다운 제자 사랑과 제자의 스승에 대한 깊은 존경심을 본 적이 없다. 세태가 바뀌어 스승과 제자의 관계가 예전 같지 않은 요즈음, 조순 선생님과 김승진 선생의 관계는 참된 스승과 올바른 제자의 표상이자 귀감이 되고 있음이 틀림없다. 나는 이 짧은 헌사를 통해 조순 선생님과 그의 제자 김승진 선생 그리고 나로 이어지는 스승과 제자의 관계, 그들의 학문의 길, 사람 사는 세상의 도리에 대해 회고해 보고자 한다.

2. 아버지와 같은 스승, 조순 선생님

김승진 교수는 아버지와 같은 스승 조순 선생님께서 지난 6월

23일에 서거하자마자, 선생님의 위대한 사상과 업적, 그리고 후학들에게 주는 존귀한 가르침이 영속되기를 간절히 바라는 제자로서의 신실한 마음에서, 직접 이 책을 집필하였다. 김승진 교수는 조순 선생님의 타계 이전에도 나에게 "선생님의 모든 연구업적과 성과물은 후대의 학자들이 반드시 연구해야 할 귀중한 문화유산이며, 또 이 시대를 탐구하고자 하는 모든 사람들이 필히 참고해야만 하는 소중한 사료이다. 그러므로 선생님의 모든 저작물은 반드시 우리 세대의 귀중한 시대정신(zeitgeist, spirit of the age)의 산물로서 남겨져야만 한다."는 말을 자주 하였다. 더욱이 조순 선생님께서 꿈속에 나타나서 기록으로 남기라는 말씀을 하셨으니, 평생 선생님의 말씀을 한 번도 거역하지 않은 김승진 교수가 이 책을 저술한 것은 어찌 보면 당연한 일이라고 할 수 있다.

이 세상의 사람과 사람 사이에는 수많은 관계가 있지만, 아무나 이와 같은 스승을 위한 저술을 할 수 있는 것은 아닐 것이다. 심지어 피를 나눈 부자지간에도 그런 일은 흔하지 않을 것이다. 마음속 깊은 데서 용솟음치는 경이로운 존경심이 없이는 불가능할 것이다. 김승진 선생은 나에게 "여자는 자기를 사랑하는 남자를 위해 화장을 하며, 남자는 자기를 알아주는 사람을 위해 목숨을 바친다."는 말을 자주 한 적이 있다. 분명히 조순 선생님은 나의 스승인 김승진 선생을 알아 주셨음에 틀림없다. 김승진 선생은 당신의 스승님의 가르침을 어기거나 실망시킨 적이 한 번도 없었다고 한다. 대구에서 홀로 상경한 고학생이 수재들만이 재학할 수 있었던 대학을 수석으로 졸업하게 된 것은, 조순 선생님의 그에 대한 끝없는 사랑과 그의 선생님의 인격과 학식에 대한 감화 감동으로, 학업에 더 열심히 정진했기 때문일 것이라고 판단된다.

　　이 책에서도 자세하게 기술되어 있지만, 나는 두 분의 관계를 김승진 선생으로부터 자주 들을 기회가 있었다. 조순 선생님은 가난한 제자 김승진을 집에 들이셔서 밥상머리 교육을 시키고, 또 20년 넘게 거의 매일 함께 새벽 등산을 하며 가르침을 주셨던 것은 그만큼 각별하고 특별한 관계였기 때문이다. 무엇보다 김승진 선생은 스승님으로부터 **"마음속의 양심이 세상에서 가장 무서운 것이다."** 라는 점을 배웠다고 한다. 뿐만 아니라 김승진 선생은, 마음속 깊은 곳에 있는 감정을 거의 표출하지 않고 또 일희일비(一喜一悲)하지 않는 조순 선생님에게서, 온화하고 고귀한 선비의 자세를 배웠다고 한다. 강의 시간에 기침 소리까지도 메모할 정도로 선생님의 가르침을 한 치의 오차 없이 배운 김승진 선생은 스승님의 가르침을 필생의 좌표로 삼았고, 나는 물론이고 다른 모든 제자에게 가르쳐 주셨다. 조순 선생님은 오늘의 김승진 교수를 만드신 진정한 스승이었으며, 김승진 교수는 완벽한 "조순주의자" 였다. 조순 선생님의 모든 저작과 가르침을 처음부터 끝까지 이해하고 따른 사람은 김승진 선생밖에 없다고 나는 확신한다. 나에게 이 두 분의 관계를 역사적 인물과 비교하라면, 공자(孔子)와 안회(顔回)의 관계가 생각난다. 공자에게는 수많은 뛰어난 제자들이 있었지만, 안회는 하나를 들으면 열을 알았고, 인자(仁者)로 칭송받았으며, 공자의 가장 뛰어난 수제자였다는 평가를 받고 있다.

3. 조순 선생님과 나

나는 선생님의 팔순 기념 문집을 2009~2010년에 편집하는 과정에서 조순 선생님을 직접 대면하고 깊게 알 수가 있었다. 그 문집은 서울대 상대 66학번 동기 중에서 조순 선생님께서 가장 아들같이 아끼셨던 제자인 김승진 교수가 주관하여 출간하였다. 이 문집은 조순 선생님께서 저술한 경제학 관련 주요 논문, 보고서, 기고문, 축사, 기념사, 한시, 한묵 등을 망라한 총 8권의 책으로 구성되어 있다. 김승진 교수께서는 평소에도 **"후대의 학자들이 조순 선생님의 학문과 시대정신을 깊이 연구할 수 있도록 스승의 모든 연구업적은 반드시 기록으로 남겨야 한다."**는 확고한 신념하에, 조순 선생님의 허락을 받아 이 거대한 문집을 출간하였다. 문집을 편집하면서 나는 조순 선생님 글의 오탈자 수정뿐만 아니라 문맥을 이해하고 행간의 의미를 파악하는 귀한 시간을 가질 수 있었다. 또한 당대 최고 학자의 사상과 학문, 개인 인생 행로를 글로써 동행할 수 있는 영광을 얻었으며, 그의 학식과 인품에 대해 많은 감명을 받았다.

조순 선생님께서는 훌륭한 한시와 많은 한묵을 또한 우리에게 선사하셨다. 또한 후학들이 학문에 더욱 정진할 수 있도록 많은 글과 가르침을 남기셨다. 선생님께서는 어려서부터 공부한 한학은 물론이고 영어와 일본어에 능통하셨다. 이런 능력들은 선생님께서 구미의 선진 학문을 잘 공부할 수 있는 유용한 도구로 활용하셨다. 나는 문집을 편집하면서 선생님의 학문 세계가 경제학에 국한되는 것이 아니라 철학, 역사, 문학 등 전 학문 분야를 망라할 뿐 아니라 그 깊이와 식견도 수많은 우수한 제자들을 감복시키기에 부족함이 없었다고 판단된다. 모든 제자들이 한목소리로 **"선생님은 당대 최고의 학자임이 분명하며, 그런 스승을 다시 만나기란 어쩌면 불가능할지 모른다."**고 고백하였다. 그리고 **"조순 선생님의 그림자조차 따라가지 못하였다."**고 자인하였다. 김승진과 조순 선생님의 만남은 물고기가 물을 만난 격이었다. 훌륭한 자질을 갖춘 김승진이 학식과 인격을 갖춘 스승 조순 선생님을 만난 것이다. 어마어마한 양의 가르침이 전수되었고, 스펀지가 물을 흡수하듯 김승진 교수는 그 가르침을 하나도 남기지 않고 모두 흡수하였다. 나 역시 행운이 있어 두 분의 학문세계와 배움의 향기를 가까이서 맡을 수 있었다.

4. 김승진 선생과 나

김승진 선생은 나의 스승이시다. 조순 선생님의 가르침을 완벽하게 소화하고 받아들인 김승진 선생을 스승으로 모신 나는 진정으로 행운이 있는 제자이다. 실망스럽게도 나의 대학 시절 초반에 내가 장차 무엇이 되겠다는 야망이나 진로에 대한 뚜렷한 계획이 없었다. 지금은 상상하기도 어렵겠지만, 경제가 급속히 성장하는 과정에 있었고 취업의 기회는 많았고, 크게 노력하지 않아도 일자리 구하는 것이 크게 문제가 안 되던 시절이었기 때문이었을 것이다. 학창 시절 김승진 선생의 강의를 들으면서 완벽하게 강의하는 것이 어떤 것이고, 나도 저렇게 누군가에게 가르침을 주고 연구하는 삶을 살아 보면 좋겠다는 희망을 갖게 되었다. 지금 나는 그 때의 실낱같은 꿈을 성취하였고, 김승진 선생의 그때 그 모습이 나를 이렇게 성장하게 해 준 것이다.

나의 기억으로는 1970~80년대 대학가의 경제학 전공자는 물론이고 그렇지 않은 학생들에게도 베스트셀러는 조순 선생님의 『경제학원론』이었다. 김승진 선생은 1973년 조순 선생님의 경제학원론 6개 장(chapter)의 초고를 작성하셨다. 조순 선생님은 수정할 곳이 없다 말씀하시며 크게 만족하셨다고 한다. 이러한 능력은 김승진 선생의 대학 강의에서 여실히 증명되었다. 김승진 교수의 강의는 명쾌하고 누구도 이해할 수 있도록 쉽게 강의하셨다. 3시간 강의를 1분도 어김없이 열강을 하셨으며, 휴강을 하신 적은 한 번도 없으셨다. 그 당시로서는 모든 학생들에게 신선한 충격이었다. 강의의 달인을 뽑는다고 하면 단연 김승진 선생이었을 것이다.

그는 완벽주의자(perfectionist)이다. 하지만 서두르지 않으셨다. 완벽하게 일 처리를 위해서 보고 또 보고 하는 습관이 몸에 배어 있었다. 나는 그의 연구 일을 도우면서 그런 태도를 체득했다. 나는 평생을 살아가는 데 필요한 유용한 자산을 얻게 되었다. 실수와 실패를 줄이는 습관을 배운 것은 김승진 선생의 덕이다.

나의 스승 김승진 선생의 삶에 대한 태도는 모든 순간 진실 되고 모든 순간 최선을 다하는 것이었다. 이 책에서 실제로 보듯이, 55년

전 일들을 어제의 일같이 생생하게 기억하시는 천재적 기억력도 남다르지만, 그의 삶 전체를 누구보다 진실 되게 만드는 것은 어떤 상황에도 죽을힘을 다해 본인의 일을 처리해 내는 책임감이라고 할 것이다. 실제로 그는 강의 도중 쓰러지셔서 사경을 헤맨 적이 있다. 은퇴 후에도 그의 능력을 발휘하기 위해 70세가 넘은 나이에 누구도 생각하기 힘든 미국 경제학과 교수 자리에 도전하는 용기를 보였다. 이러한 모습은 가르치고 공부하는 학자로서의 성스러운 과업과 세상에 대한 공부한 사람의 도리와 책임을 다하기 위한 것이었다. 그의 삶에 대한 진지한 태도에 대해 김승진 선생은 **"아버님을 일찍 여의고 홀로 인생을 책임져야 하는 상황에서 오직 공부만이 살 길이다."** 라는 현실 인식을 가졌기 때문이었다고 말하고 있다. 그러나 그것보다 더 중요한 것은 그가 어렸을 때부터 마음속 깊이 간직해온 '그의 **신실한 신앙심과 완벽주의자(perfectionist)의 성정**' 때문이라고 확신한다.

김승진 선생은 순수하고 변칙이 없으셨다. 단순 명료하시다. 어떤 이는 고지식해서 답답하다는 생각을 할 수도 있지만, 참으로 솔직하고 순수하시다. 평생에 공직을 하지 않으신 것도 누구와 권모술수로 아귀다툼하지 못하는 순수한 성정 때문이었다. 평생의 스승이신 조순 선생님이 서울시장과 대선 출마 때도 본인 적성에는 정치가 맞지 않으면서도, 오직 스승을 위해 죽을힘을 다해 도와드린 바 있다. 하지만 김승진 선생은 정치적이지 않으셨다. 영리에 부합하거나 자리를 탐한 적이 한 번도 없으셨다. 오로지 **"공짜 점심은 없다."**라는 경제 원리를 몸소 실천하신 분이다.

5. 결어

젊은 시절 김승진 교수는 나에게 완벽을 요구하는 까다로운 분이었다. 감히 고백하자면, 선생을 만나고 나서 얼마간의 시간이 흐르고 나서야 비로소 나는 그를 스승으로 존경할 수 있게 되었다. 그리고 시간이 갈수록 그 존경심은 신심 어린 존경으로 바뀌었다. 되돌아보면 회한으로 가득하지만, 나는 스승님을 실망시켜 드리는 일이 많았다. 하지만 지난 35년이 넘는 세월 동안 한결같이 나를 정겹게 감싸 주셨다. 김승진 선생이 조순 선생님에게 하셨던 것의 만분의 일도 하지 못했는데도 말이다. 학자로서의 외길만 가신 김승진 선생의 끝도 없는 학문에 대한 열정과 매 순간 있는 힘을 다해 정진하시는 모습을 보면서도, 그림자도 따라가지 못한 나에게는 회한과 반성이 남을 뿐이다. 김승진 선생은 그의 스승인 조순 선생님처럼 **"나를 알아주는 것은 저 하늘이로다."** 라고 말하고 있지만, **"그의 진심 어린 삶과 스승에 대한 존경은 하늘만이 아니라 모든 이가 진정으로 알고 있다."** 는 말씀을 드리고 싶다. 나의 참 스승이시며 학문과 세상살이의 아버지이신 김승진 교수의 건강을 정녕 하나님께서 보살피고 도와주실 것이라 믿는다.